westermann

Elke Helbig, Traudel Sieber

Herausgeber: Wassilios E. Fthenakis

Ene mene miste

1. Auflage

Bestellnummer 12748

Die in diesem Produkt gemachten Angaben zu Unternehmen (Namen, Internet- und E-Mail-Adressen, Handelsregistereintragungen, Bankverbindungen, Steuer-, Telefon- und Faxnummern und alle weiteren Angaben) sind i. d. R. fiktiv, d. h., sie stehen in keinem Zusammenhang mit einem real existierenden Unternehmen in der dargestellten oder einer ähnlichen Form. Dies gilt auch für alle Kunden, Lieferanten und sonstigen Geschäftspartner der Unternehmen wie z. B. Kreditinstitute, Versicherungsunternehmen und andere Dienstleistungsunternehmen. Ausschließlich zum Zwecke der Authentizität werden die Namen real existierender Unternehmen und z. B. im Fall von Kreditinstituten auch deren IBANs und BICs verwendet.

Die in diesem Werk aufgeführten Internetadressen sind auf dem Stand zum Zeitpunkt der Drucklegung. Die ständige Aktualität der Adressen kann vonseiten des Verlages nicht gewährleistet werden. Darüber hinaus übernimmt der Verlag keine Verantwortung für die Inhalte dieser Seiten.

service@westermann.de
www.westermann.de

Bildungsverlag EINS GmbH
Ettore-Bugatti-Straße 6-14, 51149 Köln

ISBN 978-3-427-**12748**-2

westermann GRUPPE

INHALT

INHALT

Das Portal www.kompetent-erziehen.de ist die optimale Ergänzung zu diesem Praxistitel. Hier finden Sie interessante Fachbeiträge zu relevanten Themen, eine Fülle von Praxismaterialien sowie Zusatzmaterial zu diesem Titel.

Einfach unten stehenden Code auf der Webseite unter „Meine Ausbildung als Erzieher/-in" - „Lernfeldübergreifende Materialien" eingeben.

Ihr Zugangscode lautet: BPWC-Z180-EAD4-271D

VORWORT

Ene mene miste, was ist da in der Kiste? Luftballons und eine Maus – Was holen wir da heut' heraus?

Eine Holzkiste, gefüllt mit Gegenständen zu einzelnen Reimen, Fingerspielen und Gedichten steht im Kreis. Ein Kind der Kindergartengruppe sucht für das heutige gemeinsame Spiel einen Gegenstand aus: Etwas passend zur Jahreszeit? Vielleicht ein Bild von einer grünen Wiese?
Ein Tier? Vielleicht eine Kuscheltierkatze?
Etwas aus der eigenen Erfahrung? Vielleicht einen kleinen Kinderregenschirm?
Etwas Fantasievolles? Vielleicht einen Zwerg?
Und dann geht's los! Mit Stimme, Sprache, Rhythmus und ganz viel Freude spielen die Kinder mit ausgewählten Kinderreimen und Gedichten – üben sich in Literacy.
Die Auswahl der Kinderreime und Gedichte haben wir für die Kindergartenpraxis, d. h. für Kinder zwischen zwei und sechs Jahren getroffen. Einige Gedichte/Reime können bei jüngeren Kindern eingesetzt werden. Andere sind eher für die Älteren geeignet. Konkrete Ideen zur Umsetzung, also zur Methodik und

VORWORT

Überlegungen zu den Fördermöglichkeiten, bieten wir Ihnen sowohl für Großgruppen als auch für Kleingruppen an.
Unsere Vorschläge sollen keine fertigen Angebotsrezepte dar-stellen, darstellen sondern Ihnen Orientierung z. B. für einen möglichen methodischen Aufbau einer Gedichteinführung bieten. Die Vorüberlegungen müssen von Ihnen dann nur noch auf die Situation Ihrer Kinder und Besonderheiten vor Ort abgestimmt werden.
Die Fördermöglichkeiten durch die sozialpädagogischen Angebote begründen wir aus dem gemeinsamen Rahmen der Bundesländer für die frühe Bildung in Kindertageseinrichtungen (2004).
Vor allem aber sollen Sie Ideen und Wege aufgezeigt bekommen, die Sie anregen, sie selbst einmal auszuprobieren. Erst wenn ein Gedicht oder ein Reim Ihnen Spaß macht und Sie sich gerne damit beschäftigen, werden Sie die Kinder damit erreichen und anstecken. Die Freude am Spiel mit der Sprache durchzieht das gesamte Buch und steht im Vordergrund unserer sozialpädagogischen Planung. Natürlich wird auch die Sprache insgesamt gefördert – aber eben ganzheitlich und nicht in isolierten Sprachförderprogrammen.
Für Ihre Auseinandersetzung mit dem sozialpädagogischen Angebot von Kinderreimen und Gedichten bieten wir Ihnen zu Beginn des Buches eine Einführung in Literacyangebote an.
Aus Gründen der besseren Lesbarkeit verzichten wir auf die männliche Form der Berufsbezeichnung. Mögen uns dies die Erzieher verzeihen und sich dennoch angesprochen fühlen.
Wir haben die Gedichte und Reime in der sozialpädagogischen Praxis ausprobiert und dabei so viel Begeisterung erfahren, dass wir diese nun an Sie weitergeben wollen, sie inspirieren und mit

VORWORT

unserer Freude anstecken. Wir hoffen sehr, dass uns dies gelingt und freuen uns über Rückmeldung.

Unser Team besteht aus:

Elke Helbig, Erzieherin, Diplom Sozialpädagogin und Studiendirektorin der Fachschule für Sozialpädagogik, Fachbuchautorin, und Traudel Sieber, Erzieherin, Diplom Sozialpädagogin, unterrichtende Lehrkraft an verschiedenen Fachschulen für Sozialpädagogik im In- und Ausland, Fachbuchautorin und Fotografin.

Unsere Illustratorin:

Anna Göbel, Buchillustratorin, Künstlerin mit eigenem Atelier, Kunsterzieherin im allgemeinbildenden Bereich.

Unser Dank gilt:

Monika Fuhrmann, die sich für Fotografien zur Erläuterung der Gedichte zur Verfügung gestellt hat, Tilman Sieber für die Illustration der Faltungen, musikalischen Parameter und der Liedkomposition „Katzenlied", Josef Ruppel und den Kindern für das Ausprobieren der gestalterischen Techniken, Mauricio Sieber Mauricio Sieber für die technische Unterstützung und unseren Praxiskindergärten im Rhein-Neckar-Raum, in denen wir viel erleben, viele Erfahrungen und Inspirationen mitnehmen konnten.

EIGENE NOTIZEN

A Einführung in Literacy-angebote im Kindergarten

Was versteht man unter dem Begriff Literacy? Und welche Gedichte und Reime sind für Kinder geeignet?

Die Fähigkeit, sich durch Sprache und Schrift anderen mitzuteilen, ist eine Schlüsselqualifikation, die in unserem Leben unverzichtbar ist. Diese Fähigkeit wird durch den englischen Begriff „Literacy" ausgedrückt und meint im engeren Sinn die Kompetenz, lesen und schreiben zu können. Im weiteren Sinne bezieht er sich auf alle „Erfahrungen und Grundfertigkeiten rund um die Erzähl, Sprach- und Schriftkultur". (Näger, 2006, S. 11)

Nach Michaela Ulich handelt es sich bei Literacy um Fähigkeiten „wie Text- und Sinnverständnis, sprachliche Abstraktionsfähigkeit, Lesefreude, Vertrautheit mit Büchern, die Fähigkeit sich schriftlich auszudrücken, die Vertrautheit mit Schriftsprache oder mit literarischer Sprache oder sogar Medienkompetenz". (Ulich, 2003, S. 6–18)

Damit umfasst Literacy alles rund um das Bilderbuch, die Lyrik – also Gedichte und Reime, die Lieder, die Geschichten und Märchen, die Bildbetrachtungen, CD-ROMs und Hörspielkassetten, Spiel und Theater, Buchstaben, Worte und Sätze.

Reime und Gedichte wecken die Lust, sich selbst auszudrücken. Durch den Rhythmus wird den Kindern eine klare Struktur vorgegeben, die Vergnügen mit Konzentration verbindet. Reime und Gedichte für Kinder sind entweder seit langer Zeit mündlich weitergegeben und immer wieder verändert worden oder wurden extra von Erwachsenen für Kinder geschrieben.

Das Spektrum von Gedichten und Reimen für Kinder – also Kinderlyrik – ist groß. Dazu zählen:

- Kinderlieder,
- Trost- und Koseverse,
- Kniereiter,
- Fingerspiele,
- Rätsel,
- Zungenbrecher,
- Segenssprüche und
- Malverse.

Nach welchen Kriterien/Überlegungen wähle ich ein Gedicht/einen Reim für „meine Kinder" aus?

Bei der Auswahl einer Literacyform gilt es folgende Aspekte zu berücksichtigen.

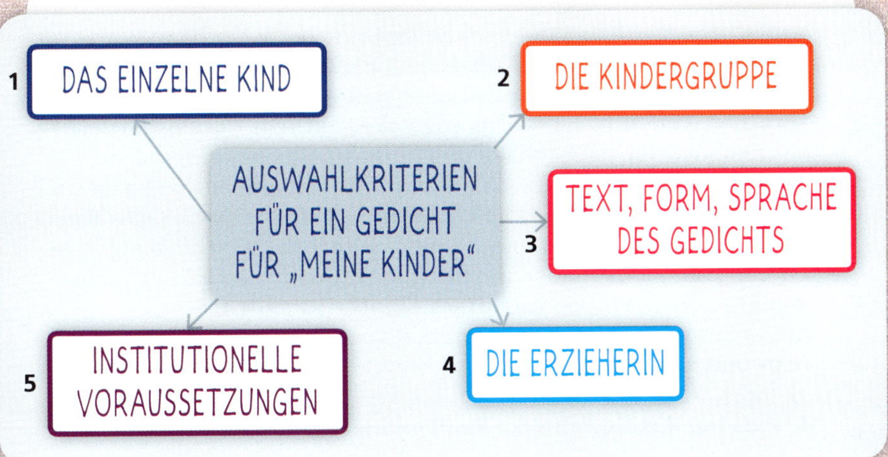

1) Welche einzelnen Kinder nehmen am Angebot teil?

Das einzelne Kind muss mit folgender Fragestellung beobachtet und analysiert werden: Was sind seine Bedürfnisse, Interessen, Motivationen und bisherige Lebens- und Lernerfahrungen? Hier gilt es im Alltag, wie in besonderen Situationen Beobachtungen zu sammeln und diese auszuwerten. An die Vorerfahrungen und an das Vorwissen des einzelnen Kindes soll das literarische Angebot anknüpfen und dieses weiterführen.

2) Wie setzt sich die Kindergruppe zusammen?

Die Kindergruppe verändert sich hinsichtlich ihres Erscheinungsbildes täglich und durchläuft unterschiedliche Gruppenphasen und Gruppenprozesse. Auf die Zusammensetzung der Kindergruppe muss bezogen auf die Altersstruktur (Entwicklungsstand), die Anzahl der Kinder, die Geschlechterverteilung und die Beziehung des einzelnen Kindes zu den anderen Kindern geachtet werden. Gibt es Konflikte oder besondere Interessen? Herrscht ein aktuelles Thema in der Gruppe? Oder soll sich das Gedicht/der Reim auf die Jahreszeit beziehen oder auf allgemeine Natur- und Umweltvorgänge?

3) Welches Gedicht/welchen Reim wähle ich aus?

Das Gedicht bzw. der Reim müssen inhaltlich pädagogisch vertretbar sein und an die Erfahrungen der Kinder (Prinzip der Lebensnähe) anknüpfen. Es sollen keine Vorurteile oder diskriminierende Inhalte ent-

halten sein. Der Text muss verständlich sein hinsichtlich der Wortwahl, der Grammatik, der Artikulation und der Länge. Wichtig ist jedoch, dass die nächste Entwicklungsstufe bei den Kindern angesprochen wird, d. h., nicht alles sollte bekannt sein – es dürfen durchaus neue Wörter, neue Inhalte und Herausforderungen enthalten sein. Der Text sollte demnach genau betrachtet und analysiert werden, um die Kernaussage/die Kernbotschaft des Gedichtes/des Reimes herauszuarbeiten. Der ausgewählte Text sollte nicht zuletzt eine Wirkung auf Kinder haben: sie belustigen, unterhalten, Bewegungsimpulse geben, Wissen vermitteln, Sprache fördern, die Beziehungsaufnahme und -gestaltung begünstigen, kreative Prozesse anregen.

4) Was hat das Gedicht/der Reim mit mir zu tun?

Die Erzieherin sollte unbedingt prüfen, ob sie zu dem ausgewählten Gedicht einen eigenen Bezug herstellen kann. Fühlt sie sich persönlich davon angesprochen? Welche Gefühle löst diese Literaturform bei ihr aus? Nur wenn die pädagogische Fachkraft eine Resonanz bei sich auf die Worte, den Klang und die Gesamtstimmung der Lyrik spürt, werden auch die Kinder davon angesprochen.

5) Wie passt das Angebot in unsere Einrichtung?

Die Erzieherin sollte überprüfen, ob das sozialpädagogische Angebot einen direkten Bezug zur Konzeption der Einrichtung hat – z. B. zur Sprachförderung. Hierdurch werden pädagogische Gesamtzusammenhänge deutlich und transparent. Insbesondere die spezielle Zielsetzung des literarischen Angebotes wird mit den Leitzielen einer Einrichtung und dem Bildungsplan abgeglichen. Aber auch organisatorische Überlegungen, wie Raum-, Materialwahl oder zu welchem Zeitpunkt im Tagesablauf das Angebot durchgeführt werden kann, müssen im Team besprochen werden.

Was ist ein sozialpädagogisches Angebot?

Grundhaltung

Das sozialpädagogische Angebot richtet sich immer mit einer wertschätzenden annehmenden Grundhaltung (vgl. Tausch/Tausch, 1979, S. 118) am einzelnen Menschen (Kind, Jugendlicher, Erwachsener), wie an der Gruppe aus. Es hat im Sinne des gemeinsamen Rahmens für die Elementarpädagogik die Perspektive des Einzelnen und der Gruppe im Zentrum („Kindzentriertheit“). „Der Begriff „sozialpädagogisch" bezieht sich auf die allgemeinen Lehr- und Lernprozesse; die anderen didaktischen Gesetzmäßigkeiten folgen als die Prozesse schulischen Lernens und Lehrens." (Pousset, 2006, S. 411)

Beobachtung und Analyse als Ausgangspunkt der didaktisch-methodischen Planung

Das sozialpädagogische Angebot berücksichtigt – ausgehend von einer wertschätzenden Beobachtung des Einzelnen – wie der Gruppe, die Themen, Interessen und Bedürfnisse der Zielgruppe, den Entwicklungsstand und die gruppenpädagogischen Prozesse. Die Inhalte sollen sich an der nächsten Entwicklungsstufe (vgl. Wygotski in Fthenakis, Textor, 2000 S. 71–83) orientieren, dabei den gesellschaftlichen Rahmen des jeweiligen Bildungsplans berücksichtigen und ressourcenorientiert ausgerichtet sein. Der Schwerpunkt des sozialpädagogischen Angebotes liegt auf den ganzheitlichen, sozialen Prozessen, die die Entwicklung der Kinder unterstützen und fördern sollen. Die didaktisch-methodische Planung richtet sich nach folgenden Prinzipien: Lebensnähe, Kindgemäßheit, Ganzheitlichkeit, Aufbau als Einheit in Teilschritten, Anschaulichkeit, Übung und Wiederholung, Aktivität und Partizipation, Individualisierung/ Differenzierung, Experimentieren.

Durchführung

Eine weitere Grundlage für das sozialpädagogische Angebot ist die pädagogisch-interaktive Beziehung der Erzieherin, die sowohl zum einzelnen, wie zur Gruppe aufgebaut und weiterentwickelt werden muss. Das Kind wird dabei als kompetent angesehen, als Akteur seiner eigenen Entwicklung. Als solcher will es sich „die Welt" aneignen (vgl. Schäfer, 2004, S. 27–45) und an den Angeboten selbst mitbestimmen und mitgestalten. Die Erzieherin muss deshalb einen demokratischen Erziehungsstil umsetzen, dabei die pädagogischen Grundhaltungen von Wertschätzung, Echtheit und Kongruenz professionell einnehmen, ko-konstruktivistisch (vgl. Fthenakis, 2009, S. 6–10) das Angebot begleiten und Interaktionsprozesse der Kinder untereinander fördern. Sinnvoll ist es, mehrere sozialpädagogische Angebote thematisch aufeinander zu beziehen, sodass keine losgelöst für sich allein stehenden Einheiten im Kita-Alltag durchgeführt werden. Ziel ist es, das Arbeiten in sozialpädagogischen Projekten anzustreben.

(Selbst-)Reflexion

Die Erzieherin reflektiert nach der Durchführung des sozialpädagogischen Angebotes ihre Absichten, ihre Methoden und ihr pädagogi-

sches Handeln. Dabei beschreibt sie zuerst den Vorgang des Geschehens wertfrei und analysiert ihn dann auf der Grundlage ihrer professionellen Erfahrungen und ihres Fachwissens. Davon ausgehend kann sie Konsequenzen für ihr weiteres sozialpädagogisches Handeln ziehen.

Warum ein Angebot und keine gezielte Lerneinheit/ Beschäftigung?

Ein sozialpädagogisches Angebot ist keine didaktische Lerneinheit und hat deshalb auch keine Lernergebniskontrolle. Es ist ein Bildungs-/Weltaneignungsangebot, aus dem der Einzelne seine individuellen Lernerfahrungen innerhalb des gemeinsamen Lernens mit der Gruppe und der Erzieherin macht.

Warum und wie sollen Kinder durch die Literacyangebote von Gedichten und Reimen ganzheitlich gefördert werden?

„Das pädagogische Programm in den Kindertageseinrichtungen ist durch das Prinzip der ganzheitlichen Förderung geprägt. Eine Fachorientierung oder Orientierung an Wissenschaftsdisziplinen ist dem Elementarbereich fremd [...] Durch angemessene Lernarrangements ist es möglich, mehrere Förderbereiche gleichzeitig umzusetzen. Die pädagogische Praxis muss diese Verbindung und gegenseitige Durchdringung der Felder wahren und gezielt mitgestalten. Besonders geeignet für das ganzheitliche Lernen ist die Projektarbeit. Es empfehlen sich Lerninhalte, die die Lebenswelt der Kinder betreffen und an ihren Interessen anknüpfen, sowie Lernformen, die selbst gesteuertes Lernen fördern, Gestaltungsspielräume eröffnen und Teamarbeit ermöglichen, den produktiven Umgang mit Fehlern fördern und den Kindern erlauben, frei zu erkunden und auszuprobieren." (Beschluss der Jugendminister- und Kultusministerkonferenz, 2004, S. 3)

Von Erzieherinnen wird durch neue Erkenntnisse aus der Hirn- und Lernforschung wieder stärker gefordert, dass die sozialpädagogischen Angebote mit neuen Gedichten ganzheitlich und in größeren Sinnzusammenhängen geplant und durchgeführt werden sollen. Dabei werden alle Entwicklungsbereiche der kindlichen Persönlichkeit berücksichtigt:

- *Motorischer Entwicklungsbereich (Grobmotorik, Feinmotorik und Selbstkonzept*

Gedichte und Reime werden in Bewegung z. B. mit dem ganzen Körper umgesetzt – oder mit Fingerbewegungen begleitet. Dabei entwickelt das Kind ein Empfinden für seinen Körper und kann die Wirkung des eigenen Verhaltens erleben. Gerade auch die Mundmotorik wird durch die besonderen Artikulationsherausforderungen bei Reimen geübt. Speziell Fingerspiele können dazu beitragen, die Feinmotorik der Hände des Vorschulkindes zu entwickeln. Sie verlangen Geschicklichkeit, Körperbeherrschung und Konzentration.

– *Sensorischer Entwicklungsbereich (taktiler, visueller, akustischer, vestibulärer, kinästhetischer, olfaktorischer und gustatorischer Sinn)*

Kinder nehmen ihre Umwelt über ihre Sinne wahr und erforschen und entdecken die Welt durch Körper- und Bewegungswahrnehmung, durch Sehen, Hören, Fühlen, Riechen und Schmecken. Die Förderung der Wahrnehmung liegt in der Vernetzung und Verarbeitung der einzelnen Sinnesbereiche und der Verknüpfung der Sinne, Bewegung und Sprache. So erfassen Kinder neue Begriffe für Gegenstände oder Handlungen. Erst durch die Anschauung und die sinnliche Erfahrung kann der Begriff neu gebildet werden. Die neuen Gedichte und Reime müssen daher ganzheitlich, vielseitig und in individueller Berücksichtigung eingeführt werden. Die Kinder üben beim Spielen von Versen unbewusst ihre Sinne: Sie nehmen den Vers über ihr Ohr auf, versuchen durch Blickkontakt die Bewegungen zu erfassen und verfeinern bei den Berührungsspielen ihren Tastsinn. Bei einem entsprechenden Vorbild übt das Kind akzentuiert und ausdrucksvoll einen Reim zu sprechen.

– *Sozialer Entwicklungsbereich (jedes Verhalten eines Kindes in der Gemeinschaft, z. B. Kontakt- und Kommunikationsfähigkeit, Kooperation, Empathie, Umgang mit Regeln, Gruppenfähigkeit, Konfliktfähigkeit)*

Kinder lernen immer miteinander und voneinander. Sie erhalten von anderen Kindern Impulse, entwickeln Fragen zum Inhalt eines Gedichtes gemeinsam, handeln mit anderen weitere Möglichkeiten aus, das Gedicht zu vertiefen aus und entwickeln neue Fragestellungen zum Thema.

Das Kind lernt an den konkreten Beispielen des Gedichttextes neue Grammatikstrukturen, neue Wörter und Artikulationen. Es ist in einer sprachreichen Umgebung während dem sozialpädagogischen Angebot, ja es „badet" geradezu in der Sprache. Dabei werden grundlegende Gesprächsregeln des Miteinander eingeführt und geübt: Ich höre dir zu; wenn ich spreche, dann hört ihr mir zu; ich lasse aussprechen usw. Kinderlyrik ist ein wichtiges Kommunikationsmittel, mit

dessen Hilfe sich die Erzieherin, wie auch die Kinder selbst sich liebevoll zuwenden, miteinander sprechen, spielen und scherzen. Durch das Zuschauen und Mitspielen entstehen soziale Beziehungen und Bindungen zwischen den Kindern untereinander und zwischen Kind und Erzieherin, die das Vertrauen zueinander stärken.

- *Emotionaler Entwicklungsbereich (Emotionen erkennen und benennen, mit Gefühlen sozial verträglich umgehen)*

Besonders ausgewählte Gedichte und Reime lassen Stimmungen und Emotionen erkennen und dann entsprechend benennen. Hierbei wird mit den Gefühlen gespielt und so eine bestimmte Stimmung, wie z. B. Traurigkeit von allen gemeinsam dargestellt. Dabei erlernen die Kinder die Bandbreite der Emotionen kennen, erleben durch die anderen Kinder und die Erzieherin Vorbilder im Umgang mit den Gefühlen. Die Kinder empfinden große Freude beim Spiel mit der Sprache oder lassen sich durch den Singsang der vertrauten Stimme, den Klang der Worte und die gleichförmigen Bewegungen trösten und beruhigen. Sie werden vielseitig emotional und geistig angeregt.

- *Kognitiv-kreativer Entwicklungsbereich (Denken, Kreativ-schöpferische Gestaltung, Neugierverhalten, sprachliche Entwicklung)*

Literacy fördert insbesondere den kognitiven und sprachlichen Persönlichkeitsbereich des Kindes. Durch das Erlernen neuer literarischer Texte wird die Merkfähigkeit und Konzentration ganz besonders angesprochen. Anfangs sind die Kinder vom rhythmischen Klang der Reime und Gedichte fasziniert. Sie wiederholen immer wieder und sehr ausdauernd den Text. Diese erlebte **Sprechfreude** weckt im Kind das Bedürfnis, mit der Sprache schöpferisch umzugehen und dabei die Fantasie und das Fabulieren mit Worten zu fördern. Die Sprechbereitschaft wird stark aktiviert und die Kinder werden durch die spielerische Form motiviert ihre eigenen Gedanken zu formulieren.

Durch die Wiederholung und Vertiefung von Gedichten und Reimen erkennen die Kinder sprachliche Prinzipien – also die **Grammatik** der Sprache: Es prägen sich Sprachmuster heraus, indem z. B. die Regeln des Satzbaus und der Wortfolge spielerisch erfasst werden. Die Kinder erkennen Kausalzusammenhänge, erfassen eine Sachlogik, die wiederum das Denk- und Abstraktionsvermögen fördert.

Der Sprachgebrauch in Versen und Reimen ist aber nicht immer an die strengen Regeln der Grammatik und der Logik gebunden, er ist wesentlich freier und erfindungsreicher. Lautmalerei und Wortklang, Wortwiederholungen und Spiele mit einzelnen Silben finden wir in vielen bekannten Kinderreimen. Bald beginnen die Kinder selbst neue Wörter und Wortkombinationen zu erfinden und sich daran zu üben. Einzellaute und Lautkombinationen werden bei der Bildung durch die Erzieherin beobachtet (Lippenbeobachtung) und im eigenen Ausprobieren wird die **Artikulation** spielerisch geübt. Dabei wird die eigene Sprachentwicklung unterstützt, weil Gedichte und Reime akzentuiert im Takt vorgesprochen und so die sprachlichen Artikulationsmöglichkeiten weiterentwickelt werden.

Der Sprachrhythmus und der Sprachklang wird von den Kindern aufgenommen und wiedergegeben. Dabei unterstützen die Klanggesten die rhythmischen Strukturen, sodass Kinder auch betonte und unbetonte Silben unterscheiden lernen. Sie erkennen einen Endreim und erfinden sehr gerne passende Reimwörter. Dabei schulen sie ihre phonetische Bewusstheit.

B Praxisteil

Nun beginnen wir mit dem Praxisteil. Freuen Sie sich auf die Reime und Gedichte, die Ihnen im Folgenden vorgestellt werden. Die Kapitel sind alle wie folgt aufgebaut:

* Titelbild zum Gedicht
* Gedichttext
* Charakteristika, d. h. eine Kurzbeschreibung zur schnelleren Orientierung
  mit Angaben zum Alter der Kinder,
  der Gruppengröße,
  der Dauer des Angebotes 
  und der Hauptförderbereiche
* Didaktische Überlegungen
  Der Text des Gedichtes mit den passenden Bewegungen wird Ihnen tabellarisch vorgestellt. Dem schließt sich eine Textanalyse bezogen auf die Sprachförderung im Bereich der Grammatik, des Wortschatzes, der Artikulation und der Sprechfreude an. Außerdem werden die durch das Gedicht geförderten Entwicklungsbereiche erläutert.
* Methodische Überlegungen
  Die Vorbereitung soll Ihnen helfen das Material zusammenzustellen und die Vorbereitungen bezüglich des Raumes durchzuführen. Das sozialpädagogische Angebot des Gedichtes wird in einer Ablaufplanung dargestellt mit Einstieg, Hauptteil und Abschluss.
* Die Variantenbox bietet Ihnen eine Ideensammlung zur Vertiefung bzw. Variation des Gedichtes an.

Die Tulpe

1

Die Tulpe

Dunkel
war alles und Nacht.
In der Erde tief
die Zwiebel schlief,
die braune.

Was ist das für ein Gemunkel,
was ist das für ein Geraune,
dachte die Zwiebel,
plötzlich erwacht.
Was singen die Vögel da droben
und jauchzen und toben?

Von Neugier gepackt,
hat die Zwiebel einen langen Hals gemacht
und um sich geblickt
mit einem hübschen Tulpengesicht.

Da hat ihr der Frühling entgegengelacht.

(Guggenmos, 1967, S. 31)

Charakteristika

 Alter: vier bis sieben Jahre

 Gruppengröße: vier Kinder

 Zeit: 45 Min.

Jahreszeitlich gebunden, Frühling

Hauptförderbereiche: Kognitiv-sprachlicher Entwicklungsbereich, sensorischer und feinmotorischer Entwicklungsbereich, medienpädagogische Förderung

Didaktische Überlegungen

Die Tulpe in Bildern

Dunkel
war alles und Nacht.
In der Erde tief
die Zwiebel schlief,
die braune.

Was ist das für ein Gemunkel,
was ist das für ein Geraune,
dachte die Zwiebel,
plötzlich erwacht.
Was singen die Vögel da
droben
und jauchzen und toben?

Von Neugier gepackt,
hat die Zwiebel einen langen
Hals gemacht

und um sich
geblickt mit einem hübschen
Tulpengesicht.

Textanalyse

Das Gedicht von Josef Guggenmos ist **grammatikalisch** gesehen in der 1. Vergangenheitsform (Präteritum) geschrieben, wobei die Verben „schlafen", „denken" und „haben" in die entsprechende

Zeitform gesetzt wurden. Der Satzbau ist unregelmäßig, wie auch der Aufbau der Verse und das gesamte Gedicht. Es kommt der sog. Paarreim vor, d. h., einige der Sätze reimen sich am Ende (tief-schlief; droben-toben), während andere Sätze ohne Reimschema auskommen.

Das Thema „Tulpe/Frühling" ist den Kindern ab vier Jahren bekannt und gehört somit zu deren Erfahrungsbereich. Das Pflanzen von Tulpen, der Aufbau einer Tulpe (Zwiebel, Stängel, Blätter, Blüte) und der dazugehörige **Wortschatz** werden durch das sozialpädagogische Angebot und das anschließende Projekt erlebbar und erfahrbar. Der Einsatz des Gedichtes ist jahreszeitlich gebunden. Die Hauptwörter „Gemunkel" und „Geraune" wurden lautmalerisch eingesetzt und sind mit Sicherheit unbekannt für die Kinder. Das „Gemunkel" steht für (heimliches) Gerede; während das „Geraune" ein Flüstern, Wispern bzw. stimmloses Sprechen bedeutet. Auch „Neugier" und „jauchzen" könnten unbekannt sein und müssten dementsprechend erklärt werden.

Insgesamt ist das Gedicht bezüglich der **Artikulation** anspruchsvoll:

- Es gibt viele „R-Verbindungen" z. B. „braune", „Geraune", „erwacht", „droben", „Frühling"
- und schwierige Konsonantenverbindungen z. B. „dunkel", „Zwiebel", „plötzlich", „jauchzen", „entgegengelacht".

Inhaltlich beschreibt das Gedicht die Tulpe, die als Blume personifiziert dargestellt wird. Zuerst schläft sie, dann wird sie durch die Geräusche geweckt, um anschließend vor Neugier zu wachsen und nachzuschauen, woher die Geräusche kommen. Für diesen Vorgang wird ein Spannungsbogen aufgebaut („hat einen langen Hals gemacht"), der fröhlich mit dem Tulpengesicht und dem Frühling endet. Durch die Personifizierung können sich die Kinder leichter mit der Tulpe identifizieren und einen Bezug zwischen sich und der Tulpe im Gedicht herstellen. Das Schlafen und Neugierig-Sein haben schon viele Kinder selbst erlebt, sodass **eigene Erfahrungen thematisiert** (Sprechfreude) werden können. Als ganz konkreten Sprachanlass dient das Plakat, das den Vorgang des Pflanzens der Tulpe visualisiert.

Geförderte Entwicklungsbereiche

Neben der Sprachförderung ist das Besondere an der Methodik zu diesem Gedicht die mediale Darbietung (YouTube-Video oder PP-Präsentation und Plakat). Hierbei erleben die Kinder, dass Bilder

Symbole für Handlungen sein können. Die Symbole zu entschlüsseln bedeutet eine **kognitive Abstraktionsleistung** insbesondere dann, wenn die Bilder in konkrete Handlungen transferiert werden, d. h., die Handlung mit sensorischen Erfahrungen direkt verbunden wird.

Die Kinder machen bei dem aktiven Prozess des Pflanzens und Wahrnehmens der Tulpenzwiebel, der Erde und des Wassers **vielfältige Sinneserfahrungen**: Sehen, Fühlen Riechen. Die Kinder vernetzen und verarbeiten die einzelnen Sinnesbereiche zu einem ganzheitlichen Sinneseindruck und verknüpfen diesen mit Denken/ Sprache und Bewegen/Feinmotorik.

Die **feinmotorischen Fähigkeiten** werden durch das Einpflanzen der Blumenzwiebel in den Blumentopf differenziert und geübt. Es wird Erde mit den Händen in den Blumentopf gebracht, vorsichtig die Blumenzwiebel mit der Spitze nach oben auf die Erde im Topf platziert und die Zwiebel mit Erde bedeckt. Diese präzisen Bewegungsabfolgen üben die Koordination und Beherrschung der Hände. Die grafologischen Fähigkeiten werden durch das Schreiben des eigenen Namens auf die Blumentopfaufkleber gefördert.

Durch die Identifikation mit der Tulpe im Gedicht bauen die Kinder einen eigenen Bezug zur Pflanze selbst und im weitesten Sinne zur Natur auf. Sie freuen sich mit der Tulpe über deren hübsches Tulpengesicht und über den Frühling und werden im **sozial-emotionalen Bereich** angesprochen.

Das besondere an der methodischen Ablaufplanung zur Einführung des Gedichtes „Die Tulpe“ ist die Förderung im **medienpädagogischen Bereich**. Die Kinder erleben Visualisierungen von Inhalten, Themen und Handlungen, die ihrem Entwicklungsstand entsprechen, d. h., die mediale Darbietung weist ein klares, gut zu erkennendes Bild auf, hat eine langsame Bildfolge und lässt den Kindern damit Zeit, die Inhalte der Bilder zu erkennen und Handlungen erfassen zu können. Zudem ist die Dauer der Bildfolge auf drei Minuten begrenzt (Videopräsentation dauert 3:04 Min. und die PP-Präsentation besteht aus vier Bildfolgen.) Sie werden mit dem Medium Laptop auch in der Kita vertraut und erleben ein bewusst für sie ausgewähltes Medienereignis, das allen Anforderungen an ein gutes Video/PP-Präsentation gerecht wird.

Methodische Überlegungen

Vorbereitung

Materialliste

* Tisch mit Wachstischdecke und Platz für vier Kinder und die Erzieherin
* Materialtisch mit Blumentöpfen in der Anzahl der Kinder, Tulpenzwiebeln in der Anzahl der Kinder, Blumenerde in Schälchen, Gießkanne mit Wasser, Aufkleber und Filz-/Holzstifte, evtl. Handtuch zum Abwischen der Hände, Besen und Schaufel zum Auffegen der Erde
* Plakat mit dem Pflanzvorgang an die Wand aufkleben oder auf Flipchart
* Laptop mit YouTube-Video von Miller-Lissner, Julia: Die Tulpe, am 07.03.2017 veröffentlicht, https://youtu.be/r0elTrYyBBY (letzter Zugriff 14.8.2019) oder eine power-Point-Präsentation mit den hier beigefügten Bildern zum Gedicht – Laptop steht auf dem Materialtisch

Vorbereitung für die Erzieherin

* Gedicht auswendig lernen und „Spickzettel" schreiben
* Plakat mit dem Pflanzvorgang erstellen (Seite 26 DIN- A1 kopieren)
* Video überprüfen oder PP-Präsentation mit den hier beigefügten Bildern zum Gedicht erstellen
* Material richten mit Zeichnungen zu den acht Pflanzschritten erstellen:

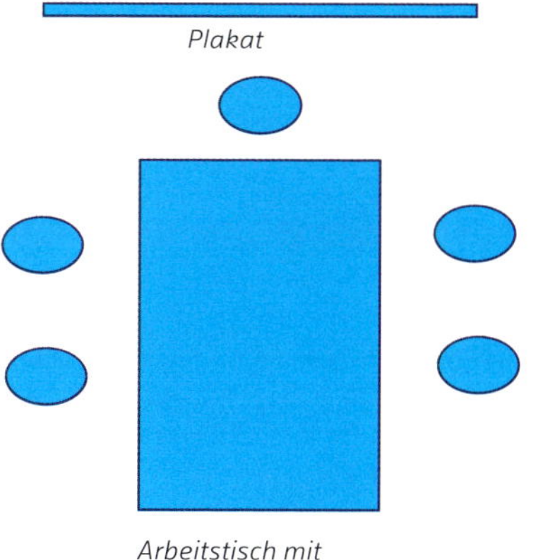

Arbeitstisch mit Platz für vier Kinder und Erzieherin

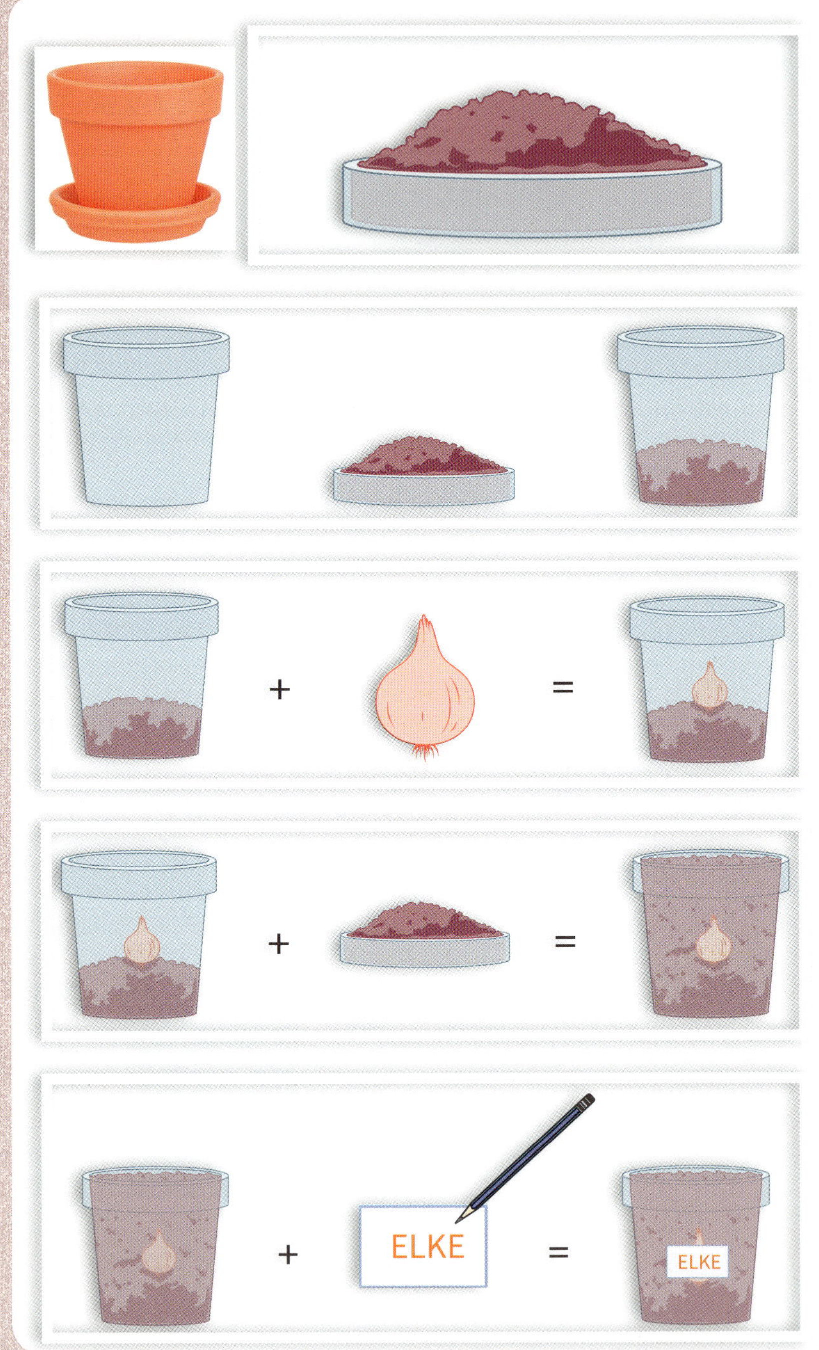
+
=
+
=
+
ELKE
=
ELKE

Geplanter Ablauf

Einstieg

Die Kinder kommen in den vorbereiteten Raum und stellen sich an den Materialtisch. Dort betrachten sie die Materialien und benennen diese: Blumentopf, Erde, Zwiebel, Gießkanne, Laptop, Aufkleber und Stifte, Handtuch, Besen und Schaufel.

Die Kinder nehmen jeweils eine Blumenzwiebel mit an den Tisch. Die Erzieherin bittet sie, sich die Zwiebel genau anzuschauen: Was gibt es zu sehen? Kleine Wurzeln, die Zwiebelschale, die Zwiebelspitze. Sie lädt ein, die Zwiebel genau zu fühlen und zu riechen. Die Wahrnehmungen der Kinder werden gesammelt. Die Erzieherin fragt: „Kennt ihr eine Zwiebel?“ Sie erklärt, dass es Zwiebeln zum Essen gibt und dass es Blumenzwiebeln gibt. „Dies ist eine Tulpenzwiebel!“.

Hauptteil

Die Erzieherin zeigt auf das Plakat und fragt:

„Was muss man tun, damit aus der Tulpenzwiebel eine Tulpe herauskommt?“ Jedes Kind fasst zwei Vorgangsschritte in Worte. Die Erzieherin wiederholt bzw. ergänzt gegebenenfalls:

1. Blumentopf holen
2. Erde holen
3. Erde bis zur Hälfte in den Blumentopf füllen
4. Blumenzwiebel in den Blumentopf auf die Erde mit den Wurzeln nach unten legen
5. Erde auf die Blumenzwiebel in den Blumentopf bis zum inneren Rand füllen
6. Namen auf den Aufkleber schreiben
7. Aufkleber auf den Blumentopf kleben
8. Erde im Blumentopf begießen

Die Kinder setzen die Pflanzschritte selbstständig um, während die Erzieherin die Kinder beobachtet und bei Bedarf Hilfestellungen gibt. Wenn alle Kinder die Tulpenzwiebel gepflanzt haben, trägt sie den ersten Teil des Gedichts vor (bis „die braune“).

Nun fragt die Erzieherin die Kinder:

„Was passiert jetzt mit der Zwiebel?“

Die Kinder betrachten das Video, die PP-Präsentation oder die Bilder zum Text (siehe S. 21/22). Die Erzieherin wiederholt die Fragestellung:

„Was passiert mit unserer Zwiebel?“

Woraufhin die Kinder den Inhalt des Gedichtes aus dem Video oder der PP-Präsentation mit eigenen Worten zusammenfassen.

Abschluss

Die Erzieherin trägt das gesamte Gedicht „Die Tulpe“ ausdrucksstark vor. Sie bespricht mit den Kindern, wo die Blumentöpfe im Kindergarten hingestellt werden. Die Kinder erfahren, dass ihre Tulpe jeden Tag gegossen werden muss.

Varianten/Vertiefungshinweise

Das Gedicht kann vielfältig vertieft werden:

- Es kann mit dem Orff-Instrumentarium verklanglicht werden,
- in Bewegung/Rhythmik kann der Wachstumsprozess als Rollenspiel umgesetzt werden,
- Tulpen können gefaltet werden,
- der Frühling kann bei einem Spaziergang „entdeckt“ und mit Fotos festgehalten werden,
- ein eigenes Video zum Gedicht kann gemalt und aufgenommen werden.

Auf einer grünen Wiese

2

Auf einer grünen Wiese

Auf einer grünen Wiese,
meck, meck, meck,
da stand ein Herr mit Namen Speck.
Der rief: Donnerwetter,
Herr Professor,
stillgestanden, stumm!
Und wer noch wackelt,
der dreht sich um!

(Stöcklin-Meier, 2004, S. 70)

Charakteristika

Bewegungsspiel

 Empfohlenes Alter: vier bis sechs Jahre

 Gruppengröße: acht bis zehn Kinder

 Zeit: 30 Minuten

Hauptförderbereiche: Motorische Grundbewegungsarten, Reaktionsspiel, „Führen und Folgen in einer Gruppe" als sozial-emotionale Förderung

Didaktische Überlegungen

Wiederholung des Gedichts mit passenden Bewegungen

Ausgangsstellung für das Bewegungsspiel:	Die Kinder fassen sich an den Händen und stellen sich in den Kreis.
Auf einer grünen Wiese, meck, meck, meck,	Die Kinder gehen im Kreis – Uhrzeigerrichtung.
da stand ein Herr mit Namen Speck.	Alle Kinder bleiben stehen und drehen sich zur Mitte.

Der rief: Donnerwetter! Herr Professor! Stillgestanden! Stumm!	Alle rufen laut und schnell, was Herr Speck rief und stampfen dazu auf den Boden.
Und wer noch wackelt, der dreht sich um!	Alle Kinder bleiben unbeweglich stehen, Herr Speck und alle Kinder stellen fest, wer noch gewackelt hat. Derjenige muss sich mit dem Rücken zur Kreismitte drehen, spielt aber weiter mit. Das Spiel endet, wenn sich alle Kinder umgedreht haben.

Textanalyse

Der erste Teil des Reimes steht im Präteritum, der 1. Vergangenheit. Der Ausruf von „Herrn Speck“ steht im Präsens (Gegenwartsform). Vom Satzaufbau ist festzustellen, dass im Reim zwei Aussagessätze und zwei Imperativsätze (Ausrufesatz) enthalten sind. Gerade die Imperativsätze sind in umgangssprachlicher Form gehalten, so z. B. mit einer Art Schimpfwort „Donnerwetter“ oder „wackelt“. Durch **die grammatikalische Form** des Ausrufes hat der Reim einen starken Aufforderungscharakter!

Der **Wortschatz** entstammt dem Erfahrungsschatz von Kindern im Vorschulalter. Lediglich „Professor“ ist evtl. unbekannt, jedoch für die Erfassung des Inhalts des Reimes unwichtig. Die Wortwahl beinhaltet einige Wörter zum Thema Bewegung: „drehen“, „wackeln“, „stillstehen“, „stehen“. „Meck, meck, meck“ dient als lautmalerische Spiel- oder Bewegungsaufforderung – ebenso wie die Alliteration (Worte beginnen mit dem gleichen Buchstaben) „stillgestanden – stumm“.

Bezüglich der **Artikulation** lässt sich feststellen, dass zwar etwas schwierig auszusprechende Worte wie „Donnerwetter“ oder „Professor“ enthalten sind, dass aber der Reim ansonsten gut auszusprechen ist.

Die **Sprechfreude** ist bei diesem Reim eine Bewegungsfreude. In dieser wiederum steckt die Freude, Bewegung und Sprechen miteinander zu verbinden und im gemeinsamen Rhythmus zu erleben. Dass der Reim in einem Bewegungsspiel umgesetzt wird, trägt genau diesem Charakter Rechnung.

Geförderte Entwicklungsbereiche

Bewegung ist der Motor der Entwicklung des Kindes: Die gesamte soziale und gegenständliche Umwelt entdeckt das Kind über die Bewegung. Erst durch das eigene Aktiv-werden kann das Kind individuelle Erfahrungen sammeln und entwickelt sich weiter. In diesem sozialpädagogischen Angebot übt sich das Kind in den grobmotorischen Grundbewegungsarten: Rennen, Gehen, Hüpfen, Schleichen, Stampfen, Trippeln usw. Zudem werden die Reaktionsfähigkeit und Bewegungskoordinationsfähigkeit geschult. Bei der Zeile „Stillgestanden – stumm“ sollen alle Kinder in ihrer Bewegung verharren. Ein plötzlicher – und doch angekündigter – Bewegungsstopp erfordert viel Selbststeuerung von den Kindern, wodurch wiederum ihr Körperkonzept weiterentwickelt wird. Grundsätzlich werden in dem sozialpädagogischen Angebot Ausdauer und Anstrengungsbereitschaft angesprochen und die körperliche Kondition der Kinder gesteigert.

Die Kinder müssen die Bewegungsspielabläufe **kognitiv** erfassen und mit ihrem Körper umsetzen können. Das erfordert Konzentration, Aufmerksamkeit und ein Verstehen von Bewegungserklärungen. Diese Erklärungen sind methodisch in spielerischer Form umgesetzt, die das Erfassen erleichtern sollen. So werden Vergleiche aus dem Tierreich für die Grundbewegungsarten herangezogen (z. B. hüpfen wie ein Hase), um langatmige kognitive Bewegungserklärungen zu vermeiden. Auch die konkreten Bewegungsabläufe des Reimes helfen den Kindern ihre Reaktionsfähigkeit bewusst einzusetzen. Wenn Herr Speck ruft: „Donnerwetter, Herr Professor, stillgestanden, stumm“ – dann muss man still stehen bleiben. Durch den Text des Bewegungsspiels kann sich das Kind jedoch auf die Bewegungsstarre vorbereiten und einstellen und sich darin üben, genau zum Ende des Textteiles still zu stehen.

Hier arbeiten der kognitive und der **sensorische Entwicklungsbereich** ganz eng zusammen: Ich höre genau die Textzeile und bereite meinen Bewegungssinn darauf vor, jetzt in eine Bewegungspause zu gehen. Kognitiv erfasst das Kind den Ablauf, muss aber von seiner akustischen Wahrnehmung und Wahrnehmungsverarbeitung auch die Bereitschaft dazu mitbringen, diesen Bewegungswechsel zu vollziehen. Sollte ein Kind den Bewegungsstopp nicht genau durchführen können, wird es zum einen zwar sichtbar, hat jedoch „nur“ zur Konsequenz, dass es seine Position im Kreis wechselt, indem es mit dem Rücken zur Kreismitte steht. Es kann also noch weiter mitspielen.

Im **sozial-emotionalen Bereich** wird durch das Bewegungsspiel vor allem das sich in eine Gruppe einordnen, aus der Gruppe heraustreten und die Gruppe anführen angesprochen. Diese Faktoren sind von außerordentlicher Wichtigkeit, um eine Gruppenfähigkeit und ein stabiles Selbstwertgefühl zu erlangen. Hier, in diesem sozialpädagogischen Angebot, wird beides in spielerischer Form möglich, wobei die Requisite „Hut" für den „Herrn Speck" die Möglichkeit schafft, in eine Rolle hinein zu schlüpfen und als diese vor die Gruppe zu treten. Dies sind methodische Hilfen, die es den Kindern erleichtern, mutig zu sein und als einzelne Personen vor der Gruppe in Erscheinung zu treten. Das Erleben eine Gruppe anzuführen, d. h., alle hören auf mich, was ich sage – macht die Kinder unheimlich stolz und sie erleben ihre Selbstwirksamkeit ganz unmittelbar. Aber auch das sich in die Gruppe einfügen, das sich an die Abläufe halten und mitmachen sind ungemein wichtig für die Gruppenfähigkeit. Das soziale Miteinander funktioniert nur nach dem Prinzip „Führen und Folgen" und das gelingt am besten in einer häufig wechselnden Führung.

Methodische Überlegungen

Vorbereitung

* Das Bewegungsspiel ist im Bewegungsraum oder auch draußen auf festem Untergrund, z. B. Pflaster, möglich. Es wird viel Platz zum Bewegen benötigt, aber auch eine Begrenzung, damit die Kinder wissen, bis wohin sie sich bewegen können.
* Als Material wird ein Hut bzw. eine Kopfbedeckung gebraucht; evtl. ein Holzreifen.

Geplanter Ablauf

Einstieg

Die Erzieherin begrüßt die Kinder vor dem Bewegungsraum oder vor dem Rausgehen einzeln mit einem Hut auf dem Kopf als „Herr Speck" und macht deutlich:

> *„Wenn Herr Speck mit dem Fuß aufstampft, dann bedeutet dies ‚Stillgestanden'. Jetzt können erst einmal alle rennen!"*

Hauptteil

Nachdem die Kinder eine Weile gerannt sind, stampft die Erzieherin/ „Herr Speck“ mit dem Fuß auf und sagt:

„Hüpft wie ein Hase!“.

Die Kinder hüpfen, bis „Herr Speck“ wieder aufstampft und

„Stillgestanden“

ruft. Dieser Ablauf wird mit folgenden Ansagen wiederholt:

- Stampfen wie ein Elefant
- Trippeln wie Mäuse
- Galopp laufen wie Pferde
- Schleichen wie Katzen
- Gehen wie Herr Speck

Die Erzieherin fragt bei den Kindern nach, wer jetzt „Herr Speck“ sein möchte und gibt den Hut an dieses Kind weiter. Das Kind übernimmt nun die Bewegungsansagen, die vorab die Erzieherin/ „Herr Speck“ gegeben hat. Die Rolle des „Herrn Speck“ wird anschließend mehrfach gewechselt.

Die Erzieherin bittet nun die Kinder, sich in einen Kreis zu stellen. Dafür kann es hilfreich sein, einen Reifen in die Mitte zu legen, um den sich dann alle Kinder stellen können. Nun setzt sich die Erzieherin wieder den Hut des „Herrn Speck“ auf und stellt den Text des Bewegungsspiels vor. Dann bittet sie die Kinder die Bewegungen dazu (siehe 3.1) mitzumachen. Dies wiederholt sie mehrfach. Auch dann gibt sie die Rolle des „Herrn Speck“ ab, d. h., das Kind, welches die Rolle des „Herrn Speck“ innehat, spricht möglichst allein

„Donnerwetter, Herr Professor! Stillgestanden, stumm!“

Alle Kinder und die Erzieherin schauen:

„Und wer noch wackelt, der dreht sich um“.

Dieses Spiel kann so lange mit wechselnder Rollenbesetzung durchgeführt werden, wie die Kinder die Konzentration dazu aufbringen bzw. alle Kinder sich umgedreht haben.

Abschluss

Wenn die Kinder sich aus dem Raum oder von draußen wieder in ihren eigentlichen Spielraum begeben, kann folgendes Abschussspiel durchgeführt werden: „Herr Speck“, das heißt, das Kind, das den Hut aufhat, bestimmt, in welcher Bewegungsart es den Raum verlässt. Vorher gibt es aber seinen Hut noch einem anderen Kind, das wiederum überlegt, wie es den Raum verlässt.

Varianten/Vertiefungshinweise

* Auf Wanderungen oder bei Spaziergängen lässt sich der Reim gut als Tempo- und Rhythmusgeber einsetzen. Es läuft sich einfach leichter, auch wenn zwischendurch mal angehalten wird.
* Auch mit Instrumenten kann der Reim gut umgesetzt werden. Hierbei begleiten die Kinder den Text im Sprechrhythmus mit verschiedenen Instrumenten und bewegen sich im Kreis. Auf das Kommando des „Herrn Speck: „Donnerwetter, Herr Professor, stillgestanden, stumm“ bleiben alle stehen, bewegen sich nicht mehr und auch die Instrumente sind stumm.
* Andere Variante: Jede Textzeile bis „Donnerwetter, Herr Professor, stillgestanden, stumm“ kann ein anderes Rhythmusinstrument übernehmen und im Sprechrhythmus spielen. Der Text „Donnerwetter, Herr Professor, stillgestanden, stumm“ wird von allen gemeinsam gespielt. Aber dann bei „und wer noch wackelt, der dreht sich um“ ist kein Instrument mehr zu hören. Dieses Instrumentenspiel kann dann auch mit dem Handy aufgenommen und anschließend angehört werden, ob evtl. doch ein Instrument zu hören ist.

Da oben auf dem Berge

Da oben auf dem Berge

Da oben auf dem Berge,
eins, zwei, drei,
da tanzen kleine Zwerge,
eins, zwei drei,
da unten auf der Wiese,
eins, zwei, drei,
da sitzt ein großer Riese,
eins, zwei, drei.

(Stöcklin-Meier, 2004, S. 28)

Charakteristika

 Alter: ab zwei Jahren in einfacher Version – bis sechs Jahre in schwieriger Version

 Gruppengröße: von Kleingruppe bis Großgruppe (max. 30 Kinder)

 Zeit: je nach Version von 15 Minuten bis 40 Minuten

Hauptförderbereiche: Bewegung – elementare musikalische Parameter – fremde Sprachen hören/kennen lernen – Gemeinschaftserlebnis

Didaktische Überlegungen

Vorstellung des Gedichts mit passenden Bewegungen; einfache Version

Da oben auf dem Berge,	Mit den Händen über dem Kopf eine Bergspitze andeuten
eins, zwei, drei,	Mit großer Bewegung der Hand wird anhand der Finger durchgezählt: der Reihe nach den Daumen, Zeigefinger und Mittelfinger vorstrecken!
da tanzen kleine Zwerge,	Die Finger beider Hände tanzen auf dem Kopf.

eins, zwei, drei,	Mit großer Bewegung der Hand wird anhand der Finger durchgezählt: der Reihe nach den Daumen, Zeigefinger und Mittelfinger vorstrecken!
da unten auf der Wiese,	Mit den Händen die Füße berühren.
eins, zwei, drei,	Mit den Füßen bei jeder Zahl stampfen
da sitzt ein großer Riese,	Alle plustern sich so groß wie möglich als Riese auf
eins, zwei, drei.	Mit den Füßen bei jeder Zahl stampfen.

Textanalyse

Der einfache Bewegungsreim steht im Präsens und besteht aus zwei **grammatikalisch** nicht ganz korrekten Aussagesätzen („da" in der Mitte des Satzes), die jeweils vom Zählen eins bis drei unterbrochen sind. Der **Wortschatz** beinhaltet Gegensätze:

- Oben – unten;
- Berg – Wiese (eigentlich „Tal" – aber das reimt sich nicht);
- klein – groß;
- Zwerge – Riese.

Der Wortschatz entspricht in der Regel dem Erfahrungsschatz von Kindern ab zwei Jahren. Die **Artikulation** ist je nach Entwicklungsstand einfach, besteht jedoch aus etwas schwierigeren „R-Verbindungen": Berge, drei, Zwerge, großer, Riese. Der Bewegungsreim löst große **Sprechfreude** durch den Endreim aus, da er durch den Sprachrhythmus lebt. Bei größeren Kindern kann der Einsatz musikalischer Parameter den Sprachrhythmus spannend für die ganze Gruppe machen. Gerade die Variationen können den ansonsten sehr einfachen Reim bereichern.

Geförderte Entwicklungsbereiche

Bewegung ist der Motor für die ganzheitliche Entwicklung bei Kindern und sollte deshalb in jedem Morgenkreis/Stuhlkreis Berücksichtigung finden. Über die Bewegung nimmt das Kind Kontakt zu seiner sozialen und materialen Umwelt auf. Mit den grundlegenden Bewegungsformen des Reimes wie „Hände gehen nach oben" – „unten stampfen die Beine" bzw. in der schwierigen Version „links und rechts" erfahren die Kinder körperlich die Raumlageorientierung, verfeinern und erweitern ihre grob- und feinmotorischen Fertigkeiten und verbinden Bewegung mit Sprache und Denken. „Eingebunden in sinnvolle Handlungssituationen, in denen verbale und nicht verbale Handlungsteile ineinander greifen, lernt das Kind sich seines Körpers und der Sprache als Werkzeug zu bemächtigen." (Zimmer, 2016, S. 22)

Der stark rhythmisierte Reim mit der Reimendung lässt sich hervorragend in die **Musikerziehung integrieren**. Gemeinsam in einem Rhythmus zu sprechen und körperlich zu spielen, prägen und festigen verschiedene musikalische Grunderfahrungen. Der Reim kann laut – leise (Lautstärke/Dynamik), schnell – langsam (Tondauer/Tempo) oder hoch – tief (Tonhöhe) gesprochen werden, wobei elementare musikalische Parameter spielerisch erlebt werden. Die einzelnen Ausdrucksmöglichkeiten sind für die älteren Kinder auf Kärtchen grafisch dargestellt und werden von ihnen „gelesen", d. h. abstrahiert und umgesetzt. Die Kinder üben auch, den Sprachrhythmus auf ihren eigenen Bewegungsrhythmus abzustimmen und sich in die Gruppe einzuordnen.

Kinder lernen durch andere Kinder – durch die soziale Erfahrung von Vorbild und Nachahmung. Durch die Teilnahme an dem sozialpädagogischen Angebot „Da oben auf dem Berge" sind sie Teil einer Gruppe, die gemeinsam etwas gestaltet. Die Kinder sind **sozial eingebunden**: alle beteiligen sich und alle halten sich an die Bewegungsgestaltung – dies ist ein Gemeinschaftserlebnis, das sich in einem „Wir-Gefühl" ausdrückt.

Die Kinder erleben das **Gefühl**, den Reim zu kennen und zu können. Und dies wiederum führt zu Wohlbefinden, Freude, Spaß und Sicherheit. In den meisten Kindergarten-/Krippengruppen findet sich eine Vielfalt an **kulturellen Unterschieden**. Die kulturelle Unterschiedlichkeit, die sich auch in der Sprache (Erstsprache/Zweitsprache) ausdrückt, soll in die pädagogische Arbeit mit einbezogen werden. In diesem Reim gelingt dies auf einfache, spielerische Weise: Das deutsche „eins, zwei, drei" kann durch andere bekannte Sprachen, die in der jeweiligen Gruppe vertreten sind, ausgetauscht werden.

So heißt es: „bir, iki, üç" auf Türkisch,
„un, dos, tres" auf Spanisch,
„jedan, dva, tri" auf Kroatisch,
„one, two, three" auf Englisch,
„uno, due, tre" auf Italienisch
„oans, zwoa, drei" auf Bayerisch ... usw.

3

Durch die Wahrnehmung und Anerkennung der Kenntnisse der Kinder mit anderem Sprachwissen (auch Dialekt), wird dieses wertgeschätzt und ins Bewusstsein der Gruppe gerückt. Andere interkulturelle Aktivitäten lassen sich dadurch ableiten.

Methodische Überlegungen für Kinder unter drei Jahren

Vorbereitung

Materialliste

* ein großes, braunes Tuch für den Boden
* graue Tücher für die Berge
* mehrere Zwergenpüppchen
* grünes Tuch für die Wiese
* Papierblümchen für die Wiese
* eine Handpuppe (Junge)
* ein großes Seidentuch zum Abdecken der Anschauung

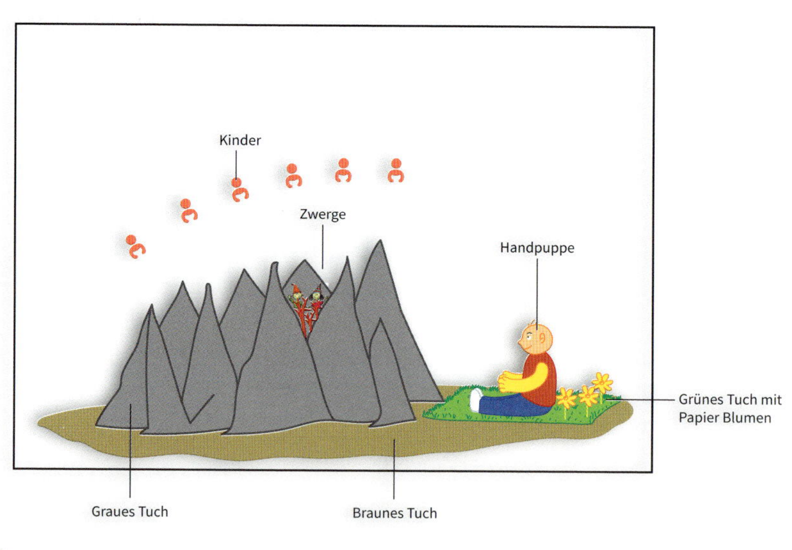

Geplanter Ablauf für das sozialpädagogische Angebot mit Kindern unter drei Jahren

Einstieg

Die Erzieherin hat die Anschauung (siehe Raumskizze) vorbereitet und wartet ab, bis alle Kinder sitzen. Dann nimmt sie langsam das große Seidentuch ab, das über die Anschauung gebreitet wurde. Die Kinder sollen erzählen, was sie sehen: Berge, Zwerge, Wiese, Riese. Die Erzieherin gibt Corrective-Feedback und achtet auf die Einführung der Worte: oben – unten – klein – groß und begleitet dies mit den im Reim verwendeten Gesten.

„Mit den Zwergen und Bergen, der Wiese und dem Riesen wollen wir jetzt spielen."

Hauptteil

Die Erzieherin führt den Text des Reimes und die Bewegungen ein. (siehe Seite 37/38) Anschließend bittet sie die Kinder mitzumachen:

„Damit wir immer zusammen mit dem Reim starten, gebe ich das Signal: eins, zwei, drei!"

Die Erzieherin will den Reim wie die Zwerge sprechen und fragt die Kinder, ob diese schon einmal Zwerge sprechen gehört haben. Beiträge der Kinder werden wiederholt und aufgenommen.

„Zwerge könnten ganz hoch sprechen! Probieren wir es einmal aus!"

Der Reim wird bis zur „Wiese" mit Bewegungsgesten in hoher Tonlage gesprochen.

„Wie könnte der Riese sprechen? Hat das schon mal jemand gehört?"

Auch hier werden Beiträge der Kinder aufgegriffen.

„Riesen könnten ganz tief sprechen – probieren wir es einmal!"

Die Gruppe spricht den Rest des Reimes in tiefer Tonlage. Sollten die Kinder andere Vorschläge machen, kann dies spontan berücksichtigt werden.

Die Erzieherin fragt, wer gerne einen Zwerg spielen möchte – der spricht hoch. Die Erzieherin spricht die jeweiligen Kinder schon in der hohen Stimme an.

„Wer will den Riesen spielen?"

Hier spricht die Erzieherin die jeweiligen Kinder mit tiefer Stimme an. Nun wird der Reim mit den zugeordneten Rollen hoch und tief gesprochen – die Erzieherin begleitet den gesamten Reim sprachlich.

Je nach Konzentrationsdauer kann noch ein weiterer musikalischer Parameter, nämlich schnell – langsam, eingeführt werden.

„Die Zwerge haben es sehr eilig – die tanzen sehr schnell. Sie müssen noch etwas erledigen. Was könnte das sein? Und wie können wir sie dann sprechen?“

Der Reim wird bis zum Riesen schnell gesprochen. Das gleiche Vorgehen wird auf den Riesen übertragen, der es nicht eilig hat.

„Der Riese ist müde und schlapp – wie spricht der dann?“

Der „Riesenteil“ des Reimes wird langsam gesprochen.

Weitere Variationen finden sich in dem Angebot für Kinder ab 3 Jahren.

Abschluss

Die Kinder überlegen sich zum Abschluss, ob sie sich als Zwerge oder Riesen verabschieden möchten. Dies tun sie dann in der jeweiligen Stimmhöhe und gehen als Zwerge oder Riesen aus dem Raum.

Methodische Vorschläge für eine Kindergruppe über drei Jahren

Vorbereitung

Material für die Anschauung mit Kindern über drei Jahren – Große Gruppe:

* Bild zur Anschauung (s. Titelbild zum Gedicht, Bild 1: Berge, Zwerge, Wiese, Riese) Das Bild kann vergrößert und ausgedruckt in den Stuhlkreis gelegt werden oder
* bei einer sehr großen Kindergruppe – mit dem Beamer an die Wand/Leinwand projiziert werden.

* sieben Grafikkarten mit Symbolen für die musikalischen Parameter laut – leise, schnell – langsam, hoch – tief, still sein – nicht sprechen
* Computer, Beamer, Leinwand

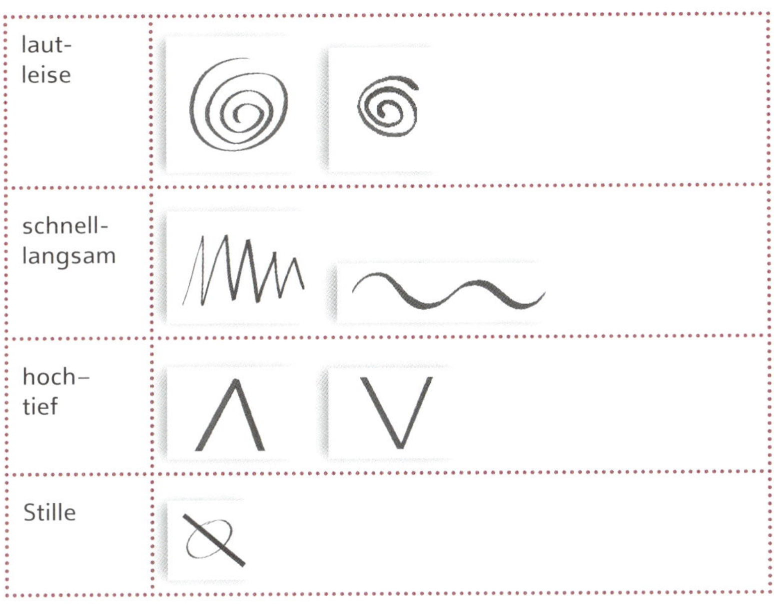

Geplanter Ablauf für das sozialpädagogische Angebot mit Kindern ab drei Jahren

Vorstellung des Gedichts mit passenden Bewegungen – schwierige Version

Da oben auf	Mit dem Zeigefinger der rechten Hand nach oben zeigen.
dem Berge,	Mit den Händen über dem Kopf eine Bergspitze andeuten.

eins, zwei, drei,	Mit großer Bewegung der rechten Hand wird anhand der Finger durchgezählt: der Reihe nach den Daumen, Zeigefinder und Mittelfinger vorstrecken!
da tanzen kleine Zwerge,	Die Finger beider Hände tanzen auf dem Kopf.
eins, zwei, drei,	Mit großer Bewegung der linken Hand wird anhand der Finger durchgezählt: der Reihe nach den Daumen, Zeigefinger und Mittelfinger vorstrecken!
da unten auf der Wiese,	Mit dem Zeigefinger der rechten Hand nach unten zeigen. Mit den Händen die Füße berühren.
eins, zwei, drei,	Mit dem rechten Fuß bei jeder Zahl stampfen
da sitzt ein großer Riese,	Alle plustern sich so groß wie möglich als Riese auf.
eins, zwei, drei.	Mit dem linken Fuß bei jeder Zahl stampfen.

Einstieg

Die Kinder nehmen Platz – größere sitzen hinten, kleinere vorne. Die Erzieherin kündigt an, dass heute mit einem Reim gespielt wird. Um was für einen Reim es sich handelt, dafür sollen die Kinder das Bild betrachten. Sie erzählen, was sie sehen: Berge, Zwerge, Wiese, Riese. Die Erzieherin gibt Corrective-Feedback und achtet auf die Einführung der Worte: oben – unten – klein – groß und begleitet dies mit den im Reim verwendeten Gesten.

Hauptteil

Die Erzieherin führt den Text des Reimes und die Bewegungen ein – siehe Tabelle oben (schwierige Version). Dann bittet sie die Kinder mitzumachen:

> *„Damit wir immer zusammen mit dem Reim starten, gebe ich das Signal: eins, zwei, drei!“*

Nachdem der Reim einmal gespielt wurde, teilt die Erzieherin mit, dass der Reim auch auf andere Arten gespielt werden kann. Vielleicht haben die Kinder Ideen, wie man den Reim noch sprechen könnte. Sobald ein Kind einen musikalischen Parameter genannt hat, wird das entsprechende Kärtchen mit der Grafik dazu von dem jeweiligen Kind hochgehalten und gezeigt. Dann wird der Reim entsprechend gesprochen: laut, leise, hoch, tief, schnell, langsam.

Als besondere Herausforderung wird der Text des Reimes pantomimisch dargestellt, nicht gesprochen und dann wieder alle gemeinsam:

> *„eins, zwei, drei".*

Die Zahlen können dann noch in einer anderen Sprache gesprochen werden:

> *„Wer weiß, wie eins, zwei, drei noch in einer anderen Sprache heißt, und kann es uns beibringen?"*

Das jeweilige Kind kommt nach vorne und präsentiert sein Wissen. Da im Reim viermal eins, zwei, drei vorkommen, können maximal vier Kinder ihre Sprache vorstellen. Wichtig ist, dass mit dem jeweiligen Kind die jeweilige Sprache verbunden ist. Ideen zu anderen Sprachen siehe Seite 39.

Abschluss

Zum Abschluss wird überlegt, wie nun der Reim gesprochen werden soll: Einzelne Elemente der musikalischen Parameter werden von einzelnen Kindern aufgegriffen, das Kärtchen hochgehalten. Einzelne Kinder stehen für ihre jeweilige Sprache. Der nun gesprochene Reim wird aufgezeichnet: per Handy oder Diktiergerät und zum Abschluss angehört – wie ein Hörspiel.

Varianten/Vertiefungsmöglichkeiten

* Der Reim kann mit mit Orff-Instrumenten als Klanggeschichte umgesetzt werden. Wichtig ist dabei, dass der Rhythmus des Reimes beibehalten wird. Die musikalischen Parameter können dann von „Dirigenten" (Kindern) eingesetzt werden, die mithilfe der Grafikkarten (Seite 43) das „Orchester" leiten.
* Die anderen Sprachen können auf die Worte Berge – Zwerge – Wiese – Riese – oben – unten übertragen werden. So kann evtl. der gesamte Reim in einer anderen Sprache gesprochen werden, sofern der Rhythmus des Reimes weiter eingehalten werden kann.
* Zwergen-Fingerpuppen herstellen, und beim Aufsagen des Reimes die Zwerge im Rhythmus tanzen lassen.

4 Katzenlied

Katzenlied

Oh, welch große Katzenwonne!
Heute scheint die gelbe Sonne,
scheint mia, mii, mio
einfach so.

Scheint auf Häuser, Bäume, Straße
Und auf meine Katzennase,
scheint mia, mii, mio
einfach so.

Oh, welch großer Katzenjammer!
Regen tropft aus Wolkenkammer,
tropft mia, mii mio
einfach so.

Tropft auf Häuser, Bäume, Straße
Und auf meine Katzennase,
tropft mia, mii, mio
einfach so.

(Text: Gina Ruck-Pauquet, 1969, © Gina Ruck-Pauquet)

Charakteristika

 Empfohlenes Alter: vier bis sechs Jahre

 Gruppengröße: sechs Kinder

 Zeit: 20–30 Minuten

Hauptförderbereiche: Gefühle erkennen, verbalisieren; Umgang mit Gefühlen kennen lernen; Handgesten; rechts-links Koordination; Identifikation mit einer Katze

4 Didaktische Überlegungen

Vorstellung des Katzenliedes mit Handgesten

Oh, welch große Katzenwonne!	 „Oh“ = linker Arm wird vor dem Körper ausgestreckt und bleibt  Bei „Katzenwonne“ kommt der rechte Arm ausgestreckt dazu.
Heute scheint die gelbe Sonne	 mit rechtem und linkem Arm eine Sonne vor dem Körper formen

scheint mia, mii, mio einfach so.	 Bei „mia“ = linke Hand mit den Handflächen nach oben vor dem Körper zeigen,  Bei „mii“ = rechte Hand mit den Handflächen nach oben vor dem Körper zeigen,  Bei „mio“ formen beide Hände ein „o“, 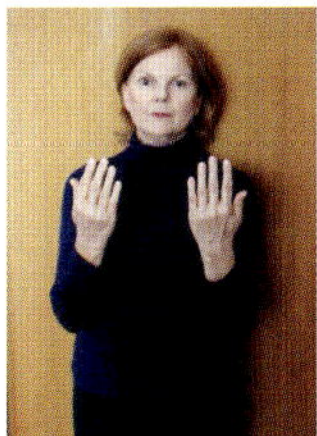 Bei „einfach so“ = linke und rechte Hand zeigen beide nebeneinander mit den Handflächen nach oben.

Scheint auf Häuser, Bäume, Straße	 bei „Häuser“ = Dach aus rechter und linker Hand formen,  bei „Bäume“, beide Hände senkrecht aufgestellt/abgewinkelt vor dem Körper zeigen, 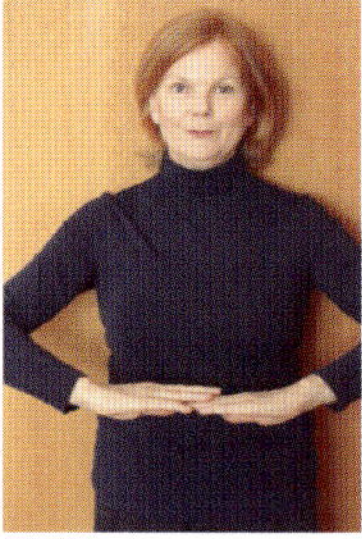 bei „Straße“ formen beide Hände gleichzeitig eine Horizontale vor dem Körper

und auf meine Katzen-nase	 mit dem Zeigefinger auf die eigene Nase zeigen
scheint mia, mii, mio einfach so.	Bei „mia“ = linke Hand mit den Handflächen nach oben vor dem Körper zeigen, Bei „mii“ = rechte Hand mit den Handflächen nach oben vor dem Körper zeigen, Bei „mio“ formen beide Hände ein „o“, Bei „einfach so“ = linke und rechte Hand zeigen beide nebeneinander mit den Handflächen nach oben.
Oh, welch großer Katzenjammer!	 „Oh“ = Linke Hand geht mit dem Kopf nach unten – bleibt da  Bei „Katzenjammer“ = rechte Hand geht nach unten

Regen tropft aus Wolkenkammer,	Die rechte und die linke Hand patschen abwechselnd im Sprechrhythmus auf die Oberschenkel
tropft mia, mii, mio einfach so.	Bei „mia“ = linke Hand mit den Handflächen nach oben vor dem Körper zeigen, Bei „mii“ = rechte Hand mit den Handflächen nach oben vor dem Körper zeigen, Bei „mio“ formen beide Hände ein „o“, Bei „einfach so“ = linke und rechte Hand zeigen beide nebeneinander mit den Handflächen nach oben.
Tropft auf Häuser, Bäume, Straße	bei „Häuser“ = Dach aus rechter und linker Hand formen, bei „Bäume“, beide Hände senkrecht aufgestellt/abgewinkelt vor dem Körper zeigen, bei „Straße“ formen beide Hände gleichzeitig eine Horizontale vor dem Körper
und auf meine Katzen-nase,	im Sprechrhythmus auf die eigene Nase zeigen

tropft mia, mii, mio einfach so.	Bei „mia“ = linke Hand mit den Handflächen nach oben vor dem Körper zeigen, Bei „mii“ = rechte Hand mit den Handflächen nach oben vor dem Körper zeigen, Bei „mio“ formen beide Hände ein „o“, Bei „einfach so“ = linke und rechte Hand zeigen beide nebeneinander mit den Handflächen nach oben.

Textanalyse

Grammatikalisch ist das Gedicht von Gina Ruck-Pauquet im Präsens geschrieben. Es beginnt mit einem Ausrufesatz „Oh, welch große Katzenwonne!“, der sich in Abwandlung einmal wiederholt „oh, welch großer Katzenjammer!“ Dem Imperativsatz folgt ein Aussagesatz, dem Halbsätze folgen. Das Gedicht ist im Paarreim gehalten. Das Thema „Katze“ und „Gefühle“ ist den Kindern im Alter von vier bis sechs Jahren vertraut, ebenso der **Wortschatz**, der dem Erfahrungsbereich der Kinder entspricht. Einzig „Katzenjammer“ und „Wolkenkammer“ sind unbekannt bzw. lyrisch zusammengesetzt. Die sich viermal wiederholenden Worte „mia, mii, mio“ sind eine lyrische Lautmalerei, die Katzenlauten ähneln. Bezüglich der **Artikulation** gibt es Herausforderungen: „tz“, „tr“, „pft“ und die Vokalartikulationen „mia, mii, mio“ , „Häuser“ und „Bäume“. Die im sozialpädagogischen Angebot methodisch eingesetzten Klanggesten können diese schwierig zu formulierenden Worte in ihrem richtigen Ausdruck unterstützen. Das Gedicht spricht direkt die Gefühle der Zuhörer an, vermittelt Freude oder Traurigkeit und ermöglicht eine Identifikation mit der Katze. All diese Aspekte können **die Sprechfreude** bei den Kindern anregen:

- über die eigenen fröhlichen oder traurigen Gefühle nachzudenken, zu verbalisieren, sich auszutauschen,
- darüber nachzudenken, warum die Katze fröhlich oder traurig ist; ihre Mimik und Gestik nachzuempfinden; zu überlegen, was der Katze helfen könnte bei ihrer Traurigkeit,
- eine Verbindung zwischen der Katze und der eigenen Person herzustellen und aus den eigenen Erfahrungen zu berichten: Wann freue ich mich? Wann bin ich traurig? Was tue ich jeweils?

Geförderte Entwicklungsbereiche

Eine wichtige Entwicklungsaufgabe im Alter von vier bis sechs Jahren ist die Entwicklung **der emotional-sozialen Kompetenz**, denn eine hohe emotionale Kompetenz erleichtert den Kindern, Kontakte und Beziehungen zu anderen und zu einer Gruppe aufzubauen. Grundgefühle wie Freude, Trauer, Angst und Wut sind Bestandteil des täglichen Lebens, und der sozial verträgliche und akzeptierte Umgang damit muss erst gelernt werden. Auf der Grundlage einer sicheren emotionalen Bindung und Beziehung entwickelt sich Zutrauen zu sich selbst, zu anderen Personen und zur Umwelt. Kinder, die gelernt haben ihre eigenen Gefühle zu erkennen und zu benennen, können ein starkes Selbstbewusstsein und eine stabile, gesunde Persönlichkeit (Resilienz) entwickeln.

Durch das sozialpädagogische Angebot soll das Kind anhand der Bilder und dem Gedicht mit den Klanggesten erkennen und nachempfinden, welche Gefühle die Katze im Gedicht ausdrückt. Durch das Gespräch erinnern sich die Kinder an eigene fröhliche und traurige Situationen und erleben, dass unterschiedliche Situationen auch unterschiedliche Gefühle auslösen können. Sie tauschen sich aus, was die Katze in ihren Gefühlssituationen tun kann und was sie selbst tun können.

Im Gespräch gilt es unbedingt zu vermeiden, dass es „gute“ und „schlechte“ Gefühle gibt. Alle Gefühle haben ihre Berechtigung und brauchen ihren Platz in der emotionalen Gefühlslage eines Menschen. Wenn von schlechten Gefühlen gesprochen wird, entsteht der Eindruck, dass es besser ist, ein Gefühl nicht zu haben. Und hier widerspricht die Psychologie deutlich! Es geht um ein sozial verträgliches Umgehen, sowohl mit unangenehmen als auch mit angenehmen Gefühlen.

Kognitiv fordert das sozialpädagogische Angebot des Gedichtes „Katzenlied“ vor allem das Reden über Gefühle und Gefühlssituationen – eigentlich eine Metaebene. Die Kinder erinnern sich an eigene Gefühle bzw. identifizieren sich mit der Katze und empfinden deren Gefühle nach. Und reden dann darüber, d. h. sie lösen sich aus dem unmittelbaren Erleben und verbalisieren ihre Situation (Wortschatzerweiterung bzw. Sprachförderung siehe Seite 53). Das erfordert eine kognitive Abstraktion, die für dieses Alter sehr anspruchsvoll ist. Das Tiergedicht erleichtert jedoch die Abstraktion, da es eine Projektionsfläche für die eigenen Gefühle bietet. Das Gespräch an sich braucht ein Einhalten und Erinnern an besprochene Gesprächsregeln – am besten durch eine visuelle Erinnerung (siehe Kapitel „Was denkt die Maus am Donnerstag", Seite 79, Plakat mit Gesprächsregeln).

Die ausdrucksstarken Bilder schulen den **visuellen Sinn**, wobei die mimischen Merkmale der Gefühle „fröhlich" und „traurig" wahrgenommen und eingeordnet werden müssen. Auch der akustische Sinn wird durch die starke Lautmalerei des Gedichtes angesprochen!

In den Klanggesten liegt die Unterstützung zur Identifikation mit der Katze, da die Kinder die Emotionen und den Rhythmus des Gedichtes am **eigenen Körper** nachempfinden können. Von großer Bedeutung z. B. für das Schreiben lernen ist die motorische Koordination, das synchrone Ausführen von Bewegungen (hier die Klanggesten) mit dem Sprechen von Silben. Insbesondere die rechts-links Koordination wird mit diesen Klanggesten angesprochen.

Methodische Überlegungen

Vorbereitung

Material:

Gesprächsregeln – Plakat fünf Bildkarten

Die Erzieherin lernt das Gedicht „Katzenlied“ mit den dazugehörigen Bewegungen auswendig und übt sich darin, es langsam und betont vorzutragen.

Raumskizze
Hinweis: Der Halbkreis muss genügend Platz in der Mitte bieten, um alle 5 Bildkarten hinlegen zu können.

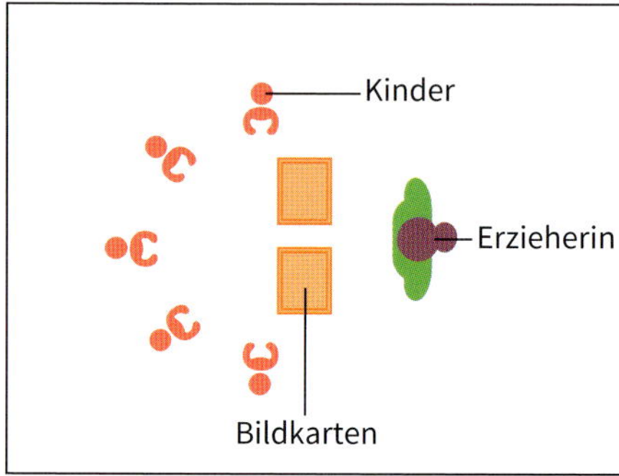

Geplanter Ablauf

Einstieg

Die Kinder kommen im Halbkreis zusammen, und die Erzieherin kündigt an: „Heute wollen wir eine Katze kennenlernen!“ Sie legt die erste Bildkarte (neutrale Katze, Bild 1) auf den Boden. Die Kinder betrachten das Bild, evtl. kommen spontane“ Bemerkungen/Erzählungen über Katzen. Falls nicht, kann die Erzieherin folgende Fragen stellen:

„Wie sieht eine Katze aus? Was macht eine Katze?“

Hauptteil

Die Erzieherin legt die Bildkarte „fröhliche Katze“ (Bild 2) auf den Boden. Auch hier wartet die Erzieherin ab, ob spontane Äußerungen der Kinder kommen. Wenn nicht, stellt sie folgende Leitfragen:

- *„Wie sieht die Katze auf diesem Bild aus? Woran erkennt ihr es?“*
- *„Warum geht es der Katze so? Was glaubt ihr?“*

Die Kinder können ihre Redeanteile gut nutzen, da sie in einer Kleingruppe besser zu Wort kommen. Hierbei ist es notwendig, dass die Erzieherin auf die Gesprächsregeln achtet – wobei die Gesprächsatmosphäre nicht unter der Regelsetzung leiden sollte.

Das „Rätsel“, warum die Katze so fröhlich schaut wird aufgelöst und die Bildkarte mit der Sonne (Bild 3) wird hingelegt. Die Erzieherin kann evtl. nachfragen:

„Warum ist die Katze in der Sonne so fröhlich?“

Die Erzieherin führt den ersten Teil des Gedichtes mit den Handgesten ein (siehe Seite 50). Dann fragt sie die Kinder:

„Wohin scheint die Sonne noch?“

Nach der Ideensammlung trägt die Erzieherin den zweiten Teil des Gedichtes mit Gesten vor. Dann wiederholt sie den ersten und zweiten Teil, wobei sie die Kinder auffordert mitzumachen.

Jetzt wird die Bildkarte „Traurige Katze“ (Bild 4) in die Mitte gelegt. Auch hier können sich die Kinder spontan äußern. Wenn keine oder nur wenige Beiträge kommen, kann die Erzieherin die Leitfragen wiederholen:

- *„Wie sieht die Katze auf diesem Bild aus? Woran erkennt ihr es?“*
- *„Warum geht es der Katze so? Was glaubt ihr?“*

In diesem Abschnitt achtet die Erzieherin darauf, dass wirklich alle Kinder zu Wort kommen. Ruhige Kinder spricht sie direkt mit einer Fragestellung an, sehr redefreudige Kinder versucht sie wertschätzend zu „bremsen“. Sie fasst die Aussagen der Kinder zusammen und legt die Bildkarte „Wolkenkammer“ (Bild 5) in die Mitte – der Grund, warum die Katze traurig ist.

Nun führt die Erzieherin den dritten Teil des Gedichtes mit den Gesten ein und bittet die Kinder gleich mitzumachen. Dann fragt sie:

„Wohin regnet es noch?“

Der vierte Teil des Gedichts folgt. Die Erzieherin wiederholt mit den Kindern das gesamte Gedicht.

Weitere Leitfragen können je nach Aufmerksamkeitsdauer das weitere Gespräch bestimmen:

- Wann wart ihr schon einmal traurig?
- Was habt ihr da getan?
- Was oder wer hat euch geholfen?
- Wann wart ihr schon einmal fröhlich?
- Was habt ihr da getan?
- Wer war dabei?

Abschluss

Die Kinder können entscheiden, ob sie die fröhliche Katze oder die traurige Katze sprechen wollen. Dann stellen sich die entsprechenden Kinder zur Bildkarte „fröhliche Katze“ bzw. zur Bildkarte „traurige Katze“. Alle anderen Bildkarten werden weggeräumt.

Die Erzieherin spricht und gestaltet das Gedicht mit den jeweiligen Kindern – die anderen hören zu und umgekehrt. Nun bietet sich die Möglichkeit an, weitere Schritte zum Thema „Gefühle“ anzukündigen.

Variationen/Vertiefungshinweise

* Das Gedicht kann vertont werden, wobei die Kinder sich jeweils Orff-Instrumente für „fröhliche Katze“; „Sonne“; „traurige Katze“ und „Wolkenkammer“ aussuchen.
* Die Kinder schauen in einen Spiegel und ahmen ein fröhliches bzw. ein trauriges Gesicht nach. Sie malen ihr Gesicht, das ihnen am besten gefällt nach.
* Eine Katze in der Nachbarschaft oder unterwegs kann bei einem Spaziergang beobachtet werden. Später können die Kinder versuchen, die Bewegungen einer Katze nachzuahmen.
* „Das Katzenlied“ wird als Lied eingeführt – siehe unten.

Katzenlied

Text: Gina Ruck-Pauquet

Melodie: Tilman Sieber

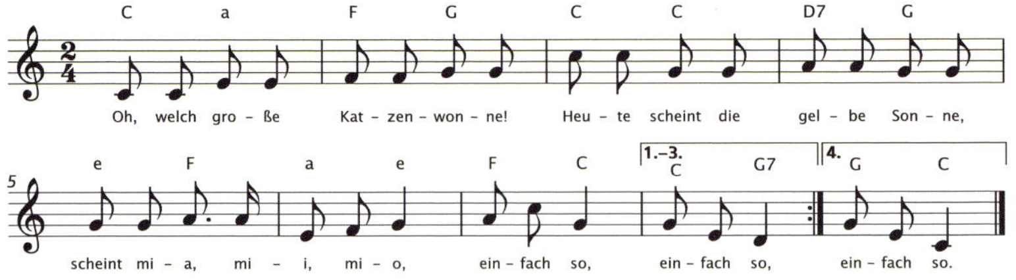

5 In unserem Häuschen

5

In unserem Häuschen

In unserem Häuschen
sind schrecklich viele Mäuschen.
Sie trippeln und trappeln,
sie zippeln und zappeln,
sie stehlen und naschen
und will man sie haschen,
husch, sind sie weg!

(Hoffmann von Fallersleben, In: Friedl, 2011, S. 21)

Charakteristika

 Empfohlenes Alter: als „Koselied" schon ab Säuglingsalter; im Rahmen eines sozialpädagogischen Angebots für Kinder von vier bis sechs Jahren

 Gruppengröße: sechs Kinder

 Zeit: 30 bis 40 Minuten

Hauptförderbereiche: Feinmotorik – Auge-Hand-Koordination; Kreatives Gestalten

Didaktische Überlegungen

Vorstellung des Gedichts mit passenden Bewegungen

In unserem Häuschen	Mit beiden Händen ein Dach formen
sind schrecklich viele Mäuschen.	Beide Hände zappeln mit den Fingern
Sie trippeln und trappeln,	Beide Hände zappeln mit den Fingern, hauptsächlich nach unten und gehen wieder hoch

sie zippeln und zappeln,	Beide Hände zappeln mit den Fingern zur Seite nach rechts und wieder zurück nach links
sie stehlen und naschen	Imaginär etwas essen – d. h. eine Hand zum Mund führen
und will man sie haschen,	Langsame Zappelbewegungen
Husch,	Mit den Bewegungen stoppen
sind sie weg!	Beide Hände verschwinden hinter dem Rücken

Textanalyse

Der Kinderreim von Hoffmann von Fallersleben stammt aus dem 19. Jahrhundert. August Heinrich Hoffmann von Fallersleben (1798–1874) verfasste neben politischen Gedichten sehr viele Kinderlieder und Kinderreime. In der Originalversion des Reimes „Mauskätzchen" ist der Reim sehr viel länger gehalten und hat ein schlimmes Ende für die Maus. Deshalb haben wir die kindgemäßere Version und Kürzung von Johanna Friedl ausgewählt.

Der Text des Reimes „In unserem Häuschen" ist **grammatikalisch** gesehen im Präsens gehalten, die Verben stehen in der 3. Person Plural. Die Substantive „Häuschen" und „Mäuschen" sind Verkleinerungen bzw. Verniedlichungen. Das Gedicht besteht aus zwei Aussagesätzen (einer mit Aneinanderreihung) und einem Ausrufesatz (Imperativsatz). **Die Artikulation** wird durch die Verkleinerungsform „Mäuschen/Häuschen" und die Verben mit vielen Konsonanten um das „p" herausgefordert: trippeln, trappeln, zippeln, zappeln.

Der **Wortschatz** ist aus dem Erfahrungsbereich der Kinder, wobei die differenziert beschreibenden Verben eine Wortschatzerweiterung für sie bedeutet: trippeln, trappeln, zippeln, zappeln. Durch die Gestik können die Kinder den Sinn der Verben erfassen, hier Variationen zum Verb „zappeln".

Die **Sprechfreude** wird durch das „Versteck-Spiel" und „Fangspiel", das im Reim thematisiert wird, angeregt. Verstecken spielen beinhaltet eine Spannung – ob man wohl gefangen wird? Und diese Spannung, verbunden mit der lautmalerischen lustigen Bewegung der Mäuse spricht die Kinder sehr an. Auch der Paarreim (Häuschen – Mäuschen; trappeln – zappeln, naschen – haschen) regt die Kinder zum Mitsprechen und Selbst-Reimen an.

Geförderte Entwicklungsbereiche

In dem sozialpädagogischen Angebot „In unserem Häuschen“ falten die Kinder ein Haus und eine Maus, wobei sie beides weiter ausgestalten können und benutzen diese Requisiten als Tischtheater. Im Tischtheater wird der Reim szenisch umgesetzt und gestaltet. Dadurch identifizieren sich die Kinder mit den Mäusen und erleben einen „Auftritt“ mit ihren gefertigten Mäusefiguren. Dies wirkt sich stark auf den **emotionalen Entwicklungsbereich** aus, da die Kinder mutig vor anderen Kindern etwas spielen, das eine bestimmte Struktur hat. Dies wiederum gibt Sicherheit und erleichtert den „Auftritt“. Der Applaus nach dem Spiel und das erfolgreich durchgeführte Tischtheater machen die Kinder stolz und geben Selbstvertrauen.

Das gemeinsame Spielen wird durch das sozialpädagogische Angebot angeregt; man kann ein Häuschen miteinander teilen, es können auf einem längeren Tisch zwei Häuschen aufgebaut werden. Durch das gemeinsame Miteinander wird sowohl die Kommunikationsfähigkeit bei den Absprachen gefördert, als auch die Entwicklung von Ideen oder das Anpassen und Aushandeln. Insgesamt wichtige **soziale Fähigkeiten**, die Grundlagen für eine Gruppenfähigkeit bedeuten. Dazu gehört auch, mögliche Konflikte verbal zu klären: Standpunkte zu vertreten, Argumente auszutauschen, abzuwägen und zu entscheiden – wobei dies natürlich nur in einzelnen Aspekten und Bereichen angestoßen werden kann und erst erprobt und geübt werden sollte. Die Erzieherin wird hier als wichtige Begleiterin ihre Aufgabe wahrnehmen.

Die Fingerfertigkeit wird durch das Falten angesprochen und geübt: Auge-Hand-Koordination; behutsamer Umgang mit dem Material, exakte Faltungen, dosierter Krafteinsatz beim Falzen der Faltung, Geschicklichkeit der Finger und der gemeinsame Einsatz beider Hände. Hierbei wird nicht nur die Feinmotorik angesprochen, sondern auch der **visuelle und kinästhetische Sinn**, der die Bewegungen fein abstimmen und ausführen lässt. Das Falten bietet eine hervorragende Übung, um die Grafomotorik als Voraussetzung für das Schreiben lernen zu schulen. Aber auch das kreative Gestalten der Figuren – das Anmalen, Ausmalen, Ausschneiden fördert die **Feinmotorik**, ebenso das Fingerspiel zu dem Reim.

Der **kognitiv-kreative Bereich** wird durch die Gestaltung des Tischtheaters besonders angesprochen:

- Der Reim wird inhaltlich/thematisch erfasst und in der Spielgestaltung umgesetzt.
- Faltvorgänge müssen kognitiv erfasst und motorisch umgesetzt werden – dafür sind Ausdauer und Konzentration notwendig.
- die Ausgestaltung eines „Häuschens“, einer „Maus“ oder der „Tischtheaterbühne“ fördern originelle, individuelle und kreative Gestaltungsmöglichkeiten.
- Sprachliche Anforderungen müssen sowohl bezüglich des Reims, des Faltens als auch des spielerischen Gestaltens bewältigt werden.

Methodische Überlegungen

Vorbereitung

Materialliste

* rotes Tonpapier DIN-A4 in der Anzahl der „Häuser“
* weißes DIN-A5-Papier in der Anzahl der „Mäuse“
* Holzmalstifte
* Schere
* braunes Tuch, das über den ganzen Tisch gelegt werden kann als Spieluntergrund für das Tischtheater
* Korb mit Naturmaterial zum Ausschmücken: Tannenzapfen, Steine, Äste, Zweige
* Bildkarte mit Häuschen und Mäuschen (Titelbild zum Gedicht, Seite 59) fotokopieren

Raumskizzen 1 und 2:

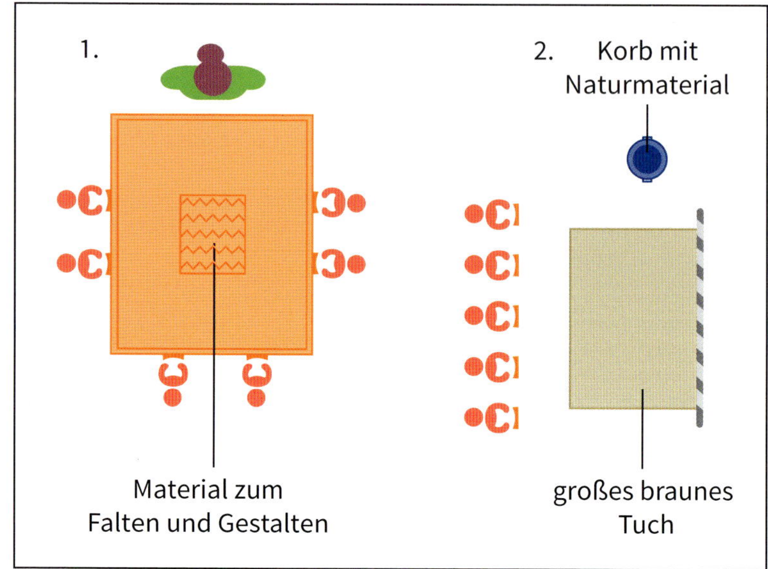

Geplanter Ablauf

Einstieg

Die Erzieherin bittet die Kinder, vor dem mit braunem Tuch abgedeckten Tisch Platz zu nehmen (Skizze 2). Sie stellt die Bildkarte mit dem Häuschen und den Mäuschen auf den Tisch und bittet die Kinder diese zu betrachten. Falls die Kinder nicht von sich aus berichten, können folgende Leitfragen eingesetzt werden: Was ist auf dem Bild zu sehen? Was machen die Mäuse im Haus? Die Erzieherin setzt sich nach der Besprechung der Leitfragen hinter den Tisch und führt den Reim mit den Fingerbewegungen (s. S. 60/61) durch. Sie wiederholt das Fingerspiel und bittet die Kinder, mitzumachen.

Dann kündigt sie an, dass sie heute mit den Kindern ein Tischtheater mit den Mäusen und dem Häuschen herstellen möchte, mit dem sie anschließend spielen können. Sie fordert die Kinder auf, sich an den anderen Tisch zu setzen. (Skizze 1)

Hauptteil

Das Häuschen und die Mäuschen werden gefaltet und gestaltet. Folgende Faltvorgänge sind notwendig und werden von der Erzieherin gezeigt. Wichtig ist die verbale Begleitung der Faltungen, denn die Sicht auf die Faltung der Erzieherin ist bei vielen Kindern seitenverkehrt. Zudem sollte die Erzieherin die Gestaltung der Mäuse und des Hauses ganz den Kindern überlassen, hier soll deren Entwicklungsstand Rechnung getragen werden und individuelle Gestaltungsmöglichkeiten der Kinder sollen durchgeführt werden können.

* Faltung des „Häuschens" – der Länge nach halbiertes rotes DIN-A4-Tonpapier

Verbalisierung der Faltung: „Ein Buch" falten (Faltsprache nach Friedrich Fröbel), vom Bauch (Tischkante) zur Mitte des Tisches – evtl. im Stehen.

Das Häuschen ist fertig! Wenn noch Zeit ist, kann das Häuschen mit Fenstern, Schornstein, Blumen etc. ausgestaltet werden.

* Faltung des „Mäuschens“ – weißes DIN-A-5-Papier

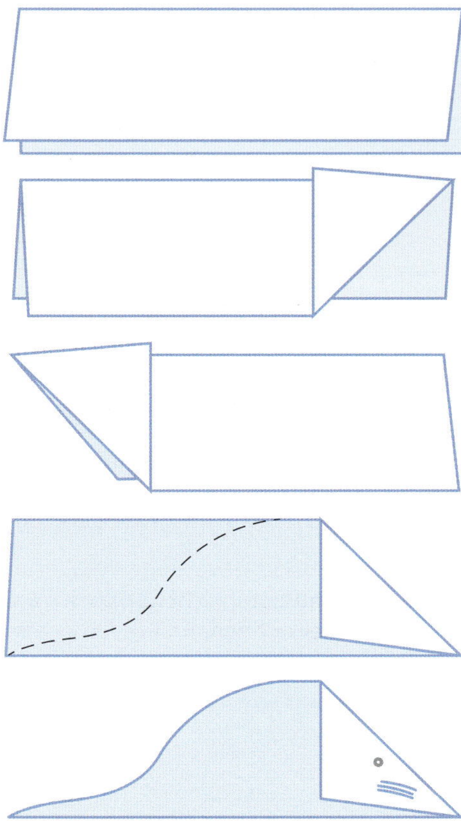

Verbalisierung – Falten den Mäusekörpers: die längste Seite des Blattes liegt vor dem Bauch. Ein Buch wird vom Bauch zur Tischmitte gefaltet. Dann wird das Faltpapier so umgedreht, dass es am Bauch geöffnet werden kann.

Das erste Mäuseohr wird gefaltet: das gefaltete Buch kann man vom Bauch aus öffnen. Dann wird eine Ecke auf die geschlossene Kante gefaltet. Das erste Mäuseohr umdrehen.

Das zweite Mäuseohr wird gefaltet: Das gefaltete erste Mäuseohr kann man vom Bauch aus öffnen. Dann wird die zweite Ecke auf die geschlossene Kante gefaltet.

Der Mäusekörper wird nun mit einem Stift gezeichnet – dabei ist der Schwanz ganz wichtig! Diese Linie wird ausgeschnitten.

Die Maus wird nun ausgestaltet: mit Augen und Barthaaren und einem Schnäuzchen ... und jeder wie er es haben will.

Wenn jedes Kind mindestens ein Mäuschen und ein Häuschen gefaltet und gestaltet hat, kann das Tischtheater beginnen. Hierbei ist es wichtig, dass die Erzieherin bei der ersten Aufführung die Kinder unterstützt:

Die Kinder bauen auf dem Tischtheater ihre Häuschen auf, gestalten mit Naturmaterial die Umgebung, wie sie mögen und setzen oder knien sich hinter den Tisch. Nun wird der Reim von allen Kindern und der Erzieherin vorgetragen – die Kinder beim Tischtheater spielen mit den Papiermäusen in den Häuschen und verschwinden an der entsprechenden Stelle unter dem Tisch.

Je nach Konstellation und Größe des Tisches können jeweils drei oder zwei Kinder das Tischtheater spielen; d. h. das Theater wird wiederholt.

Abschluss

Die Kinder werden befragt, ob sie ihr Tischtheater aufführen möchten. Ob sie für eine Aufführung noch Zeit zur weiteren Gestaltung brauchen.

Sollten die Kinder ihr Tischtheater nicht aufführen, kann zum Abschluss das Tischtheater mit dem Handy fotografiert oder gefilmt werden.

Varianten/Vertiefungshinweise

* Der Reim kann auch als Bewegungsspiel – Fangspiel gespielt werden. Dabei gibt es mehrere Katzen, die die Mäuschen fangen wollen. Die Mäuschen könnten auch einen Reifen als „Häuschen“ haben, in dem sie nicht gefangen werden können. Nahrung – also Käse befindet sich außerhalb des Reifens, sodass die Mäuschen aus ihrem Häuschen kommen müssen.
* Auch das Tischtheater kann weiter ausgestaltet werden: so z. B. mit Musikinstrumenten oder mit eigenen Ideen zum Leben der Mäuschen (eigene Geschichte erfinden). Auch als Rollenspiel eignet sich der Reim.
* Das Betrachten der Fotos oder der Filmaufnahme vom Tischtheater kann ein großes Vergnügen für die Kinder oder auch Eltern werden.

6 Was denkt die Maus am Donnerstag?

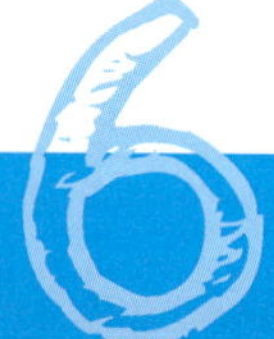

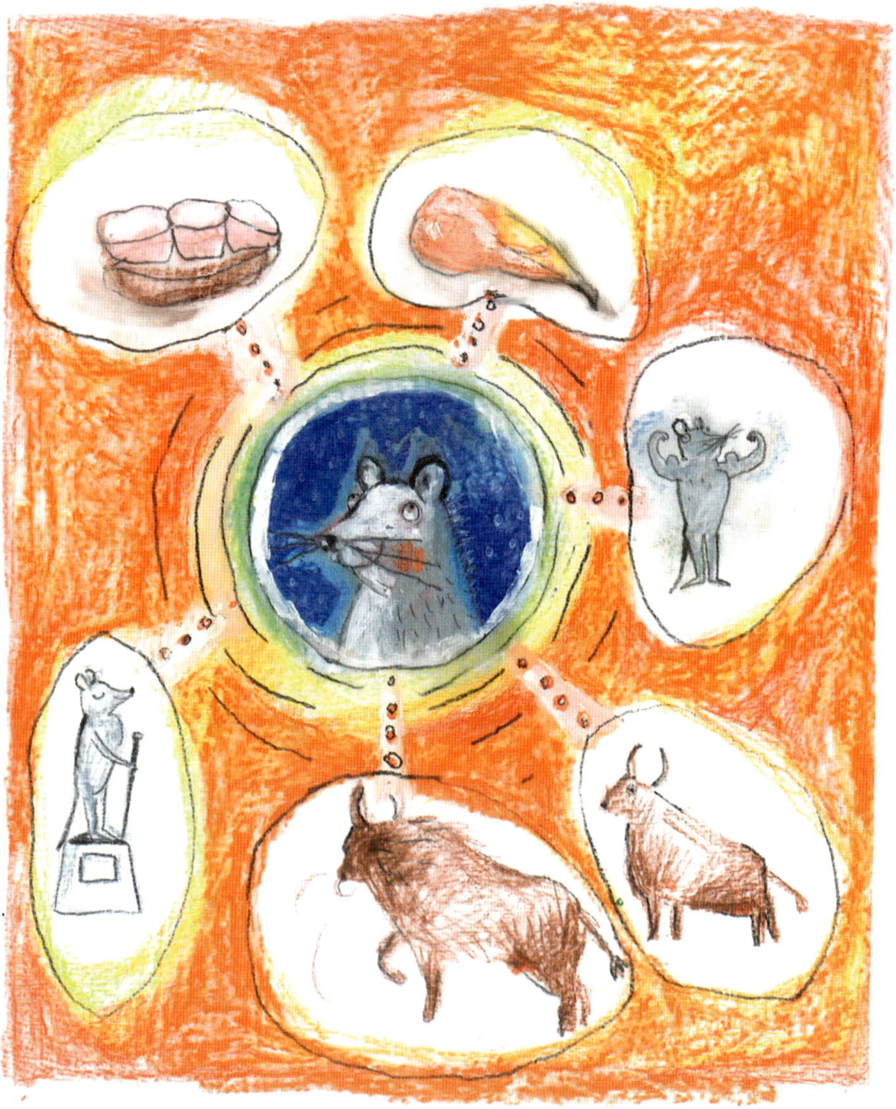

Was denkt die Maus am Donnerstag?

Was denkt die Maus am Donnerstag,
am Donnerstag,
am Donnerstag?

Dasselbe wie an jedem Tag,
an jedem Tag,
an jedem Tag.

Was denkt die Maus an jedem Tag,
am Dienstag, Mittwoch, Donnerstag
und jeden Tag,
und jeden Tag?

O hätte ich ein Wurstebrot
mit ganz viel Wurst
und wenig Brot!
O fände ich, zu meinem Glück,
ein riesengroßes Schinkenstück!

Das gäbe Saft,
das gäbe Kraft!
Da wär ich bald nicht mehr mäuschenklein,
da würd´ ich bald groß wie ein Ochse sein.
Doch wäre ich erst so groß wie ein Stier,
dann würde ein tapferer Held aus mir.

Das wäre herrlich,
das wäre recht –
und der Katze,
der Katze
ginge es schlecht!

(Guggenmos, 1998, S. 106)

Charakteristika

 Empfohlenes Alter: drei bis sechs Jahre

 Gruppengröße: 20 bis 25 Kinder/Morgenkreis/Stuhlkreis

 Zeit: 45 Minuten

Hauptförderbereiche: Ein Gruppengespräch führen: sich am Gespräch beteiligen und die Gesprächsregeln einhalten; Beteiligung/Partizipation an der Frühstückswochengestaltung

Didaktische Überlegungen

Vorstellung des Gedichtes mit passenden Bewegungen/Handgesten

Text	Bewegungen	Handgesten
Was denkt die Maus am Donnerstag, am Donnerstag, am Donnerstag?	Im Rhythmus des Gedichtes fasst die rechte Hand an die rechte Stirnseite	
Dasselbe wie an jedem Tag, an jedem Tag, an jedem Tag.	Im Rhythmus des Gedichtes fasst die linke Hand an die linke Stirnseite	
Was denkt die Maus an jedem Tag, am Dienstag, Mittwoch, Donnerstag und jeden Tag, und jeden Tag?	Im Rhythmus des Gedichtes fasst die rechte Hand an die rechte Stirnseite abwechselnd mit der linken Hand an die linke Stirnseite	

Text	Bewegungen	Handgesten
O hätte ich ein Wurstebrot mit ganz viel Wurst und wenig Brot! O fände ich, zu meinem Glück, ein riesengroßes Schinkenstück!	Mit der rechten Hand an das Herz fassen Mit der rechten Hand den Bauch reiben	 
Das gäbe Saft,	Rechter Oberarm zeigt die Oberarmmuskeln	
das gäbe Kraft!	linker Oberarm zeigt die Oberarmmuskeln	

Text	Bewegungen	Handgesten
Da wäre ich bald nicht mehr mäus-chenklein	mit Zeigefinger und Daumen „klein“ zeigen	
Da würd' ich bald groß wie ein Ochse sein.	mit beiden Händen „groß“ zeigen	
Doch wäre ich erst groß wie ein Stier,	Aufstehen und mit beiden Händen „groß“ zeigen	
dann würde ein tapferer Held aus mir.	Beide Oberarme zeigen die Oberarmmuskeln	
Das wäre herrlich, das wäre recht – und der Katze, der Katze	Klatschen Klatschen Barthaare mit beiden Händen zeigen	

Text	Bewegungen	Handgesten
ginge es schlecht!	„wegwerfende" Bewegung mit der rechten Hand von oben nach unten durchführen. Hinsetzen.	

Textanalyse

Grammatikalisch gesehen steht dieses Gedicht im Präsens (Gegenwart) und in der Konjunktivform II, welche nicht reale Wünsche oder Träume ausdrückt. Das besondere an der Konjunktivform ist die Bildung des Verbs, das ähnlich dem Präteritum (1. Vergangenheit) ist und meist mit einem Umlaut gebildet wird. Zwei Fragesätze bestimmen das Gedicht, sowie mehrere Ausrufesätze, die Gefühle und Wünsche ausdrücken – hier kann das Verb an verschiedenen Stellen stehen.

Der **Wortschatz** stammt in der Regel aus dem Erfahrungsbereich der Kindergartenkinder – wobei die Konjunktivform der Verben sicherlich ungewohnt ist. Die Unterscheidung und Erklärung von Stier und Ochse (kastrierter Stier) ist unserer Meinung nach in diesem Gedicht vernachlässigbar und sollte als Synonym verwendet werden. Auch in diesem Gedicht werden zahlreiche Adjektive (Eigenschaftswörter) benutzt und bereichern den Wortschatz gerade auch hinsichtlich der Beschreibung von Größen- bzw. Mengenverhältnissen: viel, wenig, riesengroß, mäuschenklein, tapfer, herrlich, recht, schlecht.

Die **Artikulation** der Umlaute „ä" und „ü" bestimmen hier das Gedicht: „hätte", „Glück", „Schinkenstück", „fände", „gäbe", „mäuschenklein", „würd´", „wäre". Auffällig sind auch die vielen „d" und „t" Laute, die im Dialekt oft gleich ausgesprochen werden und daher der Übung bedürfen: **D**onners**t**ag, **T**ag, **D**iens**t**ag, hä**tt**e, Wurs**t**ebro**t**, Wurs**t**, Bro**t**, Saf**t**, Kraf**t**, bal**d**, **d**as, **d**a, **d**och, rech**t**, Ka**t**ze, schlech**t**.

Die **Sprechfreude** der Kinder wird durch die eigenen Überlegungen, was ihnen selbst „Kraft und Saft" geben würde, angeregt:

„Was gäbe Euch Kraft und Saft?"

Die Kinder formulieren Essenswünsche für das gemeinsame Frühstück im Kindergarten und bilden so Aussagesätze im Konjunktiv II: z. B.

„Mir gäbe ein Apfel Kraft!“

Zudem sollen die Kinder im Gespräch gemeinsam zusammentragen, wofür sie die Kraft brauchen. Das Gespräch in einer großen Gruppe ist geprägt von vorher festgelegten einfachen und besprochenen Gesprächsregeln, auf deren Einhaltung die Erzieherin achten sollte.

Geförderte Entwicklungsbereiche

Durch das sozialpädagogische Angebot „Was denkt die Maus am Donnerstag“ wird neben der Sprachförderung die **Basiskompetenz** „die **Sprache zu nutzen**, um an der Gruppengemeinschaft teilhaben zu können“, gefördert und geübt. Dafür müssen zuvor die Gesprächsregeln besprochen, festgelegt und am besten visualisiert werden. (s. S. 79)

Die Erfassung der Regeln ist ein **kognitiver Prozess**. Durch das Gespräch erleben die Kinder, dass ihre Beiträge ernst genommen werden und dass sie berücksichtigt werden. Sie erleben die Wirkung von Sprache und ihre Selbstwirksamkeit ganz unmittelbar und machen so **soziale Erfahrungen** in einem laufenden Gruppenprozess:

- Sie erfassen das Thema der Redebeiträge und verbinden eigene Erfahrungen, Ideen damit;
- Sie brauchen Mut und manchmal auch Überwindung, ihre eigenen Überlegungen zu äußern;
- Sie erleben unmittelbar die Reaktionen der anderen auf ihren Beitrag;
- Sie müssen abwarten und sich einfügen, bis sie an der Reihe sind, was wiederum bedeutet, dass sie sich selbst steuern, um still zu sein;
- Sie hören anderen zu, nehmen auf, was diese sagen, stellen es sich vor;
- Im Vorschulalter knüpfen sie an die Redebeiträge der anderen an, verbinden diese und suchen Gemeinsamkeiten oder Unterschiede.

In diesem sozialpädagogischen Angebot wird das Kinderrecht auf **Partizipation** umgesetzt: Die UN-Kinderrechtskonvention hat im Artikel 12 Absatz 1 Folgendes zugesichert:

„Die Vertragsstaaten sichern dem Kind, das fähig ist, sich eine eigene Meinung zu bilden, das Recht zu, diese Meinung in allen das Kind berührenden Angelegenheiten frei zu äußern, und berücksichtigen die Meinung des Kindes angemessen und entsprechend seinem Alter und seiner Reife.“ Das deutsche Recht gibt den Kindern zum Beispiel im SGB VIII (§ 8) das Recht auf Beteiligung und Beschwerdeführung.

In diesem sozialpädagogischen Angebot geht es um den Aspekt der Selbstbestimmung: Ich bestimme, was ich frühstücken will selbst! Hierbei ist es wichtig, dass die Kinder erleben: „meine Bedürfnisse sind richtig und wichtig“. Sie erfahren im Stuhlkreisgespräch aber auch, dass andere Kinder Bedürfnisse haben und dass es auch andere Meinungen gibt. Und diese verdienen genauso Respekt und ernstgenommen zu werden, wie die eigenen.

Der Aspekt der Mitbestimmung wird in dem sozialpädagogischen Angebot ebenfalls angesprochen. Die Kinder entscheiden und beteiligen sich bezüglich der Frühstücksbuffetgestaltung: Sie werden informiert, gehört und entscheiden mit. Dies geschieht in einem geschützten geborgenen Rahmen mit verlässlichen Regeln.

Partizipation ist ein wichtiges Thema in der Teamarbeit, denn alle pädagogischen Fachkräfte müssen eine Haltung zur Partizipation einnehmen und diese alle gemeinsam befürworten. Gerade beim Thema „Mitbestimmung bezüglich des Frühstücksbuffets“ kann es zu Unstimmigkeiten kommen. Es ist nicht sinnvoll, die Kinder Wünsche äußern zu lassen, die dann nicht eingehalten werden. Entweder achtet das Team auf eine bewusste Ernährung und gibt eine Auswahl von Nahrungsmitteln für das Frühstück vor (als Bildkarten) oder es lässt die Kinder frei nach ihren Wünschen das Frühstück gestalten und dann muss das Team auch solche Wünsche wie „Spaghetti“ oder „Schokolade“ akzeptieren und umsetzen.

Die eigene Meinung zur Frühstücksbuffetgestaltung auszudrücken und zu erleben, dass sie umgesetzt wird, ist ein Aspekt der Selbstwirksamkeitsentwicklung. Selbstverursachte Wirkungen erleben Kinder als persönliche Erfolge, nicht erlebte Wirkungen als Misserfolge. Hier zeigt sich der **emotionale Aspekt** des sozialpädagogischen Angebotes für die Kinder:

- Stolz auf mich sein, wenn ich eine Idee vor der Gruppe geäußert habe und diese anschließend gemalt habe,
- Bedeutung und Wertschätzung erfahren, dass ich an der Frühstücksgestaltung mitwirke,
- Freude an der gemeinsamen Planung und Vorfreude auf das folgende gemeinsame Tun.

Der **Sinnesbereich** wird durch die Anschauung zum Gedicht angesprochen. Die Zeichnungen und Bilder werden in ihrer Aussage erfasst und ausgedrückt. Emotionale Stimmungslagen, wie die „stolze Maus“ (weil sie so viel Kraft hat) werden erkannt und verbalisiert. Die kreative ästhetische Gestaltung der Bilder beeinflussen die ästhetische Bildung der Kinder.

Der **motorische Bereich** ist hier in diesem Angebot etwas untergeordnet, weil der Schwerpunkt auf dem Gespräch liegt. Dennoch wird der feinmotorische Bereich angesprochen, wenn die Kinder ihre Frühstücksideen mit Holzstiften/Filzstiften malen und ihren Namen dazu schreiben.

Methodische Überlegungen

Vorbereitung

Materialliste

* Bildkarten zum Gedicht:

* Kleine Notizblätter zum Bemalen
* Holzstifte/Filzstifte
* Glassteine in der Anzahl der Kindergruppe + zwei Erzieherinnen
* Plakat mit Gesprächsregeln

Raumskizze:

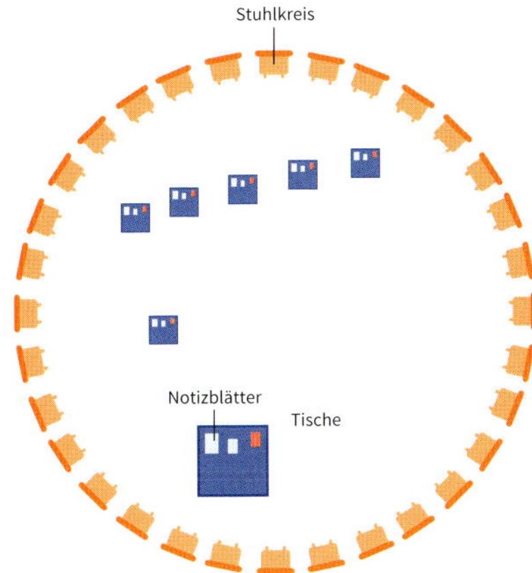

Geplanter Ablauf

Einstieg

Die gesamte Gruppe findet sich im Stuhlkreis/Morgenkreis zusammen und beginnt mit ihrem Begrüßungsritual. Die Erzieherin kündigt an, dass sie ein neues Gedicht vorstellen möchte und dass anschließend über das Frühstücksbuffet gesprochen wird.

Hauptteil

Die Erzieherin erinnert an die Gesprächsregeln und legt die erste Bildkarte in die Mitte des Stuhlkreises und fordert die Kinder auf sie zu betrachten:

> *„Was seht ihr?" „Was bedeutet diese Blase da bei der Maus? Sie denkt! Was denkt sie wohl?"*

Die Erzieherin legt die zweite und dritte Bildkarte dazu und fordert die Kinder auf zu überlegen, was die Maus denkt.

> *„Warum denkt die Maus an Wurstbrot und Schinkenstück?" „Was macht sie damit?"*

Die vierte Bildkarte kommt in die Mitte und die Kinder betrachten sie.

> *„Was hat sich an der Maus geändert?" „Warum hat sie Muskeln am Arm?" „Wofür braucht sie diese?"*

Die fünfte Bildkarte liegt in der Mitte:

„Was seht ihr hier?“ „Wie schaut die Katze?“ „Warum ist sie traurig?“

Die Erzieherin stellt das Gedicht vor und stellt die Bewegungen vor (s. Seite 71–73). Die Erzieherin wiederholt das Gedicht und bittet die Kinder mitzumachen.

Sie führt das Gespräch zum Thema Frühstücksbuffet:

„Überlegt mal, braucht ihr auch Kraft?“ „Wofür denn?“

„Woher bekommt ihr Kraft?“

„Welche Nahrungsmittel – welches Essen – gibt euch Kraft?“

„Wir wollen eure Wünsche und Ideen zum Frühstücksbuffet sammeln, deshalb ist es wichtig, dass ihr für euch selbst überlegt: Was schmeckt mir zum Frühstück?“ Was gibt mir Kraft?“

Jeder bekommt der Reihe nach den Redestein, teilt uns mit, was er sich zum Frühstücken wünscht und malt dies mit seinem Namen auf diese kleinen Notizzettel hier. Die zweite Erzieherin begleitet das Malen. Wer hat schon eine Idee?

Abschluss

Die Erzieherin fasst die Wünsche zusammen und bittet nun die Kinder für das erste Frückstücksbuffet abzustimmen: Jedes Kind bekommt einen Glasstein und kann diesen auf den Notizzettel mit dem Essenswunsch legen, den es sich als erstes wünscht. Die vier Frühstückswünsche mit den meisten Glassteinen werden beim nächsten Frühstück angeboten.

Je nach Wunsch der Kinder wird das Gedicht mit seinen Bewegungen nochmals wiederholt.

Varianten/Vertiefungshinweise

* Möglich wäre das Projektthema „Maus“: alles was die Kinder rund um das Tier Maus interessiert.
* Das Gedicht lässt sich auch als Bewegungsspiel/Fangspiel umsetzen. Material: Mäusekarten und Katzenkarten, die die Kinder sich umhängen. Die Mäuse essen pantomimisch ihre Schinkenstücke oder Wurstbrote und wenn sie damit fertig sind, fangen sie die umherlaufenden Katzen.

* Bei den Vorschulkindern kann das Thema „Wochentag“ vertieft und erweitert werden. Es könnte ein Wochenplan ausgehängt werden, in den die Essenswünsche oder geplante Aktivitäten eingetragen werden. Im täglichen Morgenkreis könnte es zum Ritual werden, über den jeweiligen Wochentag zu sprechen bzw. zu planen.

Plakat Gesprächsregeln

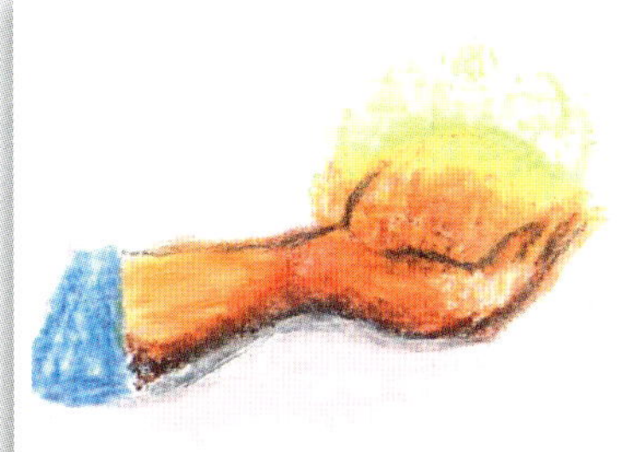

Wer den Redestein hat, kann erzählen

Ich höre zu

Ich schaue zu dem, der spricht

Ich bin still

7 Was die Waschmaschine sagt

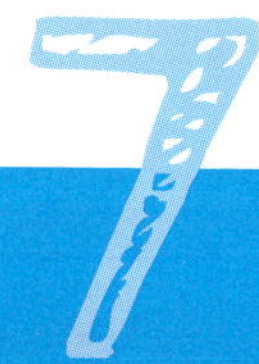

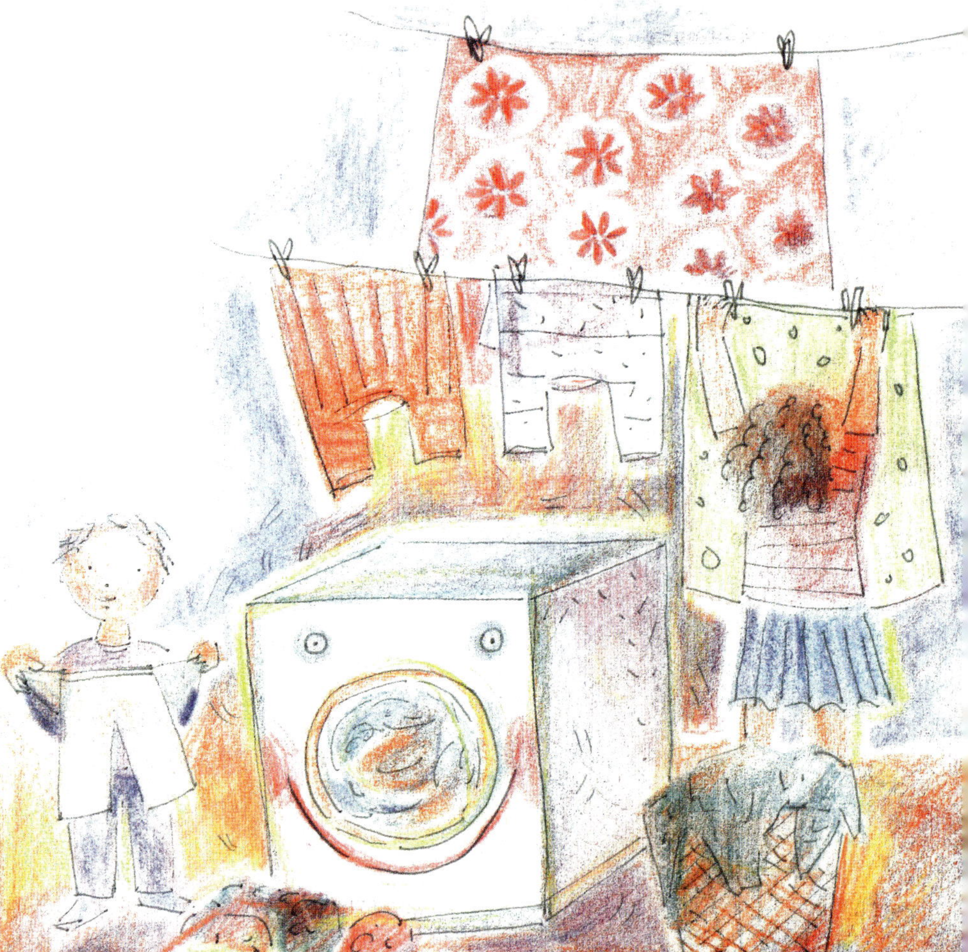

Was die Waschmaschine sagt

Wischiwaschi
wäschewaschen
wischiwaschi wumm.
Oben waschen
unten waschen
rundherum.
Hemden waschen, Hosen waschen,
Tischtuch mit den Rosen waschen,
wischiwaschi
wäschewaschen
wischiwaschi wumm.
Und die vielen Hosentaschen
dreh'n wir um.
Wischiwaschi
wäschewaschen
wischiwaschi
wäschewaschen
Wischiwaschi
wumm.

(Hofbauer, 1979, S. 119–120)

Charakteristika

 Empfohlenes Alter: zwei bis vier Jahre

 Gruppengröße: vier Kinder

 Zeit: 20 bis 30 Minuten

Hauptförderbereiche: Sinneserfahrung (Wasser, Schaum); Ablauf des Wäschewaschens erfassen – Kognitiver Bereich – Sprachrhythmus/Bewegungsrhythmus, Förderung der Artikulation

7

Didaktische Überlegungen

Vorstellung des Gedichts mit passenden Bewegungen

Text	Bewegungen
Wischiwaschi wäschewaschen Wischiwaschi wumm	Die zur Faust geballten Hände bewegen sich vor dem Körper hoch – Brusthöhe (wischiwaschi) und tief – vor dem Schoß (Wäschewaschen) und hoch (wischiwaschi) und landen patschend auf dem Schoß bei Wumm.
Oben waschen unten waschen rundherum.	Beide Fäuste reiben aneinander oben – Brusthöhe. Beide Fäuste reiben aneinander unten – vor dem Schoß. Beide Fäuste reiben im Kreis in Brusthöhe.
Hemden waschen, Hosen waschen, Tischtuch mit den Rosen waschen,	Die zur Faust geballten Hände bewegen sich vor dem Körper hoch – Brusthöhe (Hemden waschen) und tief – vor dem Schoß (Hosen waschen) und patschen im Rhythmus des Reimes (Tischtuch mit den Rosen waschen) auf dem Schoß.
wischiwaschi säschewaschen wischiwaschi wumm.	Die zur Faust geballten Hände bewegen sich vor dem Körper hoch – Brusthöhe (wischiwaschi) und tief – vor dem Schoß (Wäschewaschen) und hoch (wischiwaschi) und landen patschend auf dem Schoß bei Wumm.
Und die vielen Hosentaschen dreh'n wir um.	Klatschen im Reimrhythmus mit der jeweils anderen Handseite oben – drehend klatschen.

Text	Bewegungen
Wischiwaschi wäschewaschen wischiwaschi wäschewaschen	Die zur Faust geballten Hände bewegen sich vor dem Körper hoch – Brusthöhe (wischiwaschi) und tief – vor dem Schoß (Wäschewaschen) und hoch (wischiwaschi) und tief – vor dem Schoß (Wäschewaschen).
Wischiwaschi wumm.	Die zur Faust geballten Hände bewegen sich vor dem Körper hoch – Brusthöhe (wischiwaschi) und tief – vor dem Schoß (Wäschewaschen) und hoch (wischiwaschi) und landen patschend auf dem Schoß bei Wumm.

Textanalyse

Der Reim steht im Präsens – wobei es nicht um einen korrekten **Satzbau** geht, sondern um Lautmalerei darüber, was die Waschmaschine „sagt". Die **Artikulation** ist durch die „W"-Worte gefordert, was einer Lippenübung gleichkommt. Das Thema Waschmaschine/Waschen und damit verbunden der entsprechende **Wortschatz** entspricht dem Erfahrungsbereich der Kinder. Lediglich „Tischtuch" oder „Hosentaschen" wird durch die konkrete Anschauung als Wortschatzerweiterung möglich. Die **Sprechfreude** ergibt sich aus der Lautmalerei, dem Rhythmus und den Reimen – es macht Spaß diesen Vers mit „Schwung" zu sprechen und zu spielen.

Geförderte Entwicklungsbereiche

Sich mit zwei, drei oder vier Jahren mit einer Waschmaschine zu beschäftigen ist ungewöhnlich. Dennoch stammt die Waschmaschine aus der unmittelbaren Umgebung der Kinder, sowohl zu Hause wie auch in der Kita. Schon Säuglinge sind von den Geräuschen der Waschmaschine fasziniert und lassen sich von dem immer wiederkehrenden Rhythmus gerne „einlullen".

Wäsche waschen ist eine alltägliche Tätigkeit, die Kinder schon sehr früh miterleben, und damit stammt das **Thema dieses Gedichtes**

aus dem Erfahrungsbereich der Kinder. Was im Inneren einer Waschmaschine passiert, ist für die Kinder spannend, aber nicht erlebbar, da Wäsche nur noch sehr selten mit der Hand gewaschen werden. Durch das Selbstwaschen wird der Prozess des Wäschewaschens direkt erlebt **und kognitiv erfasst**:
Was braucht man zum Wäsche waschen?
Welche Schritte sind notwendig, damit die Wäsche wieder sauber wird?
Wie verändern sich die Kleidungsstücke im Waschwasser und dann beim Trocknen?

Der **kognitiv-kreative Entwicklungsbereich** wird durch den Ablauf des Waschens gefördert. Die Kinder erleben das Waschen von Wäsche direkt und sind aktiv beteiligt:

- Die Wäschestücke werden betrachtet.
- Das Waschwasser wird zubereitet.
- Die Wäschestücke kommen in das Waschwasser.
- Die Wäschestücke werden zwischen den zwei Fäusten der Kinder gerieben und dabei das Gedicht gesprochen.
- Die Wäschestücke werden ausgedrückt.
- Die Wäschestücke werden ausgespült (in neuer Wanne).
- Die Wäschestücke werden ausgedrückt.
- Und sie werden auf den Wäscheständer gehängt.

Das sozialpädagogische Angebot „Was die Waschmaschine sagt“ ist **ein sinnliches Angebot** für die Kinder, die ihre Umwelt über die Sinne wahrnehmen, erforschen und entdecken. Die Qualität der Sinnesleistung liegt in der Verarbeitung und Vernetzung der einzelnen Sinnesbereiche hin zu einem ganzheitlichen Sinneseindruck. Erst wenn die Sinne, das Denken und die Bewegung miteinander verknüpft werden, wird die Basis für die Aufnahme komplexer Fähigkeiten (z. B. Lesen lernen) gelegt. Und mit diesem Gedicht wird den Kindern eine ganzheitliche, vielseitige und individuelle Wahrnehmungserfahrung geboten.

- Die Kinder sehen das flüssige Wasser, die dickflüssige Waschseife, die trockene und die nasse Wäsche, den Schaum und die jeweiligen Veränderungen.
- Die Kinder spüren unterschiedliche Oberflächenstrukturen und -beschaffenheiten wie Wasser, Seife, Wäschestücke, Schaum mit beiden Händen, Armen und unterschiedliche Temperaturen.
- Die Kinder riechen die Waschseife und den Schaum ... probieren ihn vielleicht?

- Die Kinder spüren die Bewegungen ihrer Hände und Arme beim Waschen der Wäschestücke.
- Die Kinder hören die Lautmalerei, die Sprachmelodie und -betonungen, den Rhythmus des Gedichtes und werden ihn im Laufe der Zeit mitsprechen.

Eng verbunden mit der Sensorik ist die Sprachförderung – siehe 1.2 – und die **grob- und feinmotorische Bewegungserfahrung**, denn es wird mit den Händen und dem gesamten Körper gearbeitet beim Reiben, Wringen und Tunken der Wäschestücke.

Der **sozial-emotionale Bereich** wird durch die Freude an der sinnlichen Erfahrung in der Gruppe angesprochen. Wäsche waschen, verbunden mit der Einführung des Gedichtes „Was die Waschmaschine sagt" ist ein Gemeinschaftserlebnis. Es macht Spaß mit Wasser, Schaum und Kleidungsstücken zu hantieren: zu tröpfeln, zu plantschen, zu patschen. Und wenn am Ende die Wäsche fertig gewaschen und aufgehängt ist, haben die Kinder ein tiefes Erfolgserlebnis, denn sie haben etwas geschafft, das sonst nur Erwachsene schaffen.

Methodische Überlegungen

Vorbereitung

* fünf gleichfarbige Plastikschüsseln (ca. 40–50 cm Durchmesser) mit lauwarmem Wasser fast zur Hälfte gefüllt
* eine mit lauwarmem Wasser gefüllte Plastikwanne (alle fünf Kinder müssen darum Platz finden)
* milde flüssige Kernseife
* Puppenkleidung: Hemden, Hosen und ein Tuch mit Rosenblüten – für jedes Kind muss ein Wäschestück dabei sein
* Wäschekorb für die Wäsche
* Wäscheständer, evtl. Wäscheklammern

Ort:

* zunächst der Raum, in dem die Waschmaschine steht,
* zum Wäsche waschen draußen im Freien auf einer Wiese im Schatten oder im Badezimmer

Raumskizze:

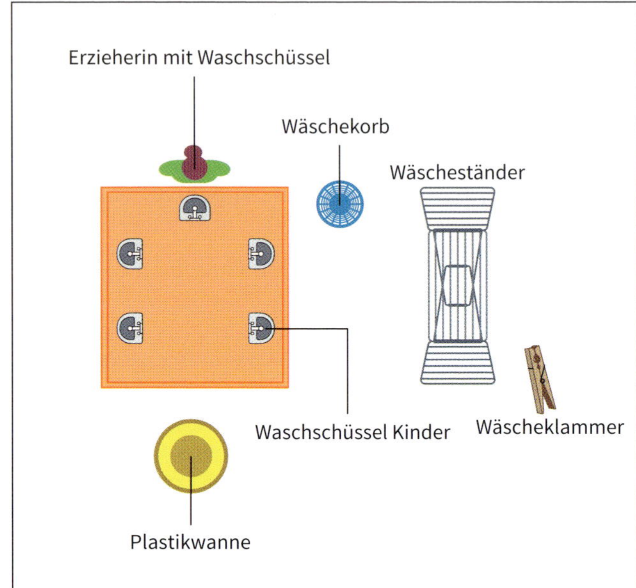

Geplanter Ablauf

Einstieg

Die Erzieherin kündigt den „Waschtag“ an und fragt, wer mitgehen möchte – teilt evtl. mehrere Gruppen ein, da jeweils nur vier Kinder parallel waschen können. Wäschestücke aus der Verkleidungsecke/Puppenecke werden im Wäschekorb eingesammelt. Die Erzieherin fragt die Kinder, wo im Kindergarten die Wäsche gewaschen wird. Danach begeben sich alle zur Waschmaschine. Die Erzieherin fragt: Wie wird gewaschen? Was braucht man dazu?

Die Kinder äußern ihre bisherigen Erfahrungen, die die Erzieherin ergänzt. Sie füllt die Waschmaschine mit zu waschender Wäsche, stellt sie an und bittet die Kinder genau hinzuhören: Welche Geräusche macht die Waschmaschine? Die Erzieherin sammelt Geräuschartikulationen der Kinder und führt folgenden Gedichtabschnitt mit Bewegung ein:

Wischiwaschi
wäschewaschen
wischiwaschi wumm.

Oben waschen
unten waschen
rundherum.

Hauptteil

Die Erzieherin erklärt, dass sie mit der Kindergruppe selbst Wäsche waschen möchte und wechselt den Ort entsprechend ihrer Vorbereitung.

Alle nehmen Platz und betrachten das vorhandene Material: Waschschüssel, Kernseife, Wanne, Wäscheständer, Wäscheklammern.

Die Erzieherin fragt:

> *„Wie waschen wir jetzt selbst? Wie fangen wir an?“*

Die Kinder übertragen ihr vorher kennengelerntes/vertieftes Wissen und überlegen, wie das Selbst Waschen ablaufen könnte. Die Erzieherin hört sich die Vorschläge an und ergänzt. Nun beginnt das Waschen, bei dem alle Kinder mitmachen:

1. Kernseife auf die Hände verteilen.
2. Kernseife mit den Händen und im Wasser verreiben und Schaum herstellen.
3. Kleidungsstücke benennen, an die Kinder verteilen und in das Wasser tunken. Betrachten und Benennen der Unterschiede und Veränderungen am Kleidungsstück.
4. Wäschestück zwischen den Fäusten verreiben, hochziehen, ins Wasser tunken – wiederholen.
5. Erzieherin spricht den Reim ganz – bei „Hosentaschen drehen wir um“ wird das Wäschestück umgedreht.
6. Drücken, Knäulen, Auswringen des Wäschestücks und Festhalten.
7. Zur großen Wasserwanne bringen und den Schaum gemeinsam ausspülen.
8. Wäschestück zwischen den Fäusten verreiben, Wäschestück hochziehen,
9. Wäschestück ins Wasser tunken – wiederholen.
10. Erzieherin spricht den Reim ganz – bei „Hosentaschen drehen wir um“ wird das Wäschestück umgedreht.
11. Das Wäschestück drücken, knäulen, auswringen und festhalten.
12. Jeder hängt sein Wäschestück auf dem Wäscheständer (evtl. mit Wäscheklammer) auf.

Abschluss

Die Gruppe steht um den Wäscheständer und wiederholt zum Abschluss das Gedicht mit den Bewegungen. Die Erzieherin kündigt an, morgen gemeinsam nach der Wäsche zu schauen, ob sie wieder trocken geworden ist.

Varianten/Vertiefungsmöglichkeiten

* Das Gedicht eignet sich sehr gut nach einer Bewegungseinheit als Paarmassage. Ein Kind liegt auf dem Rücken als Wäschestück auf der Matte, das andere Kind reibt sacht mit den Fäusten. Bei „Wumm“ wird sanft auf den Po geklopft.
* Auch als Bewegungsspiel lässt sich das Gedicht im Stuhlkreis umsetzen. Hier werden die Bewegungen, die sonst im Sitzen gemacht werden, stehend durchgeführt und beim „Umdrehen“ wird sich ganz umgedreht. Bilder von Wäschestücke können auch laminiert und den Kindern umgehängt werden. So kann der Wortschatz vertieft werden.

8 Meeresstille

8

Meeresstille

Ich seh' von des Schiffes Rande
Tief in die Flut hinein:
Gebirge und grüne Lande
Und Trümmer im falben Schein
Und zackige Türme im Grunde,
Wie ich's oft im Traum mir gedacht,
Wie dämmert alles da unten
Als wie eine prächtige Nacht.

Seekönig auf seiner Warte
Sitzt in der Dämm'rung tief,
Als ob er mit langem Barte
Über seiner Harfe schlief;
Da kommen und gehen die Schiffe
Darüber, er merkt es kaum,
von seinem Korallenriffe
grüßt er sie wie im Traum.

(Freiherr v. Eichendorff, 1837, Kapitel 163)

Charakteristika

 Fantasiereise für Kinder im Alter von vier bis sechs Jahren,

 sechs bis acht Kinder

 Dauer: 30–45 Minuten

Vertiefung zu einem „Unterwasserprojekt" – Vorerfahrungen zum Thema Meer sind notwendig

Hauptförderbereiche:

Emotionaler Entwicklungsbereich, Loslassen können, Entspannung, Stressabbau, zur Ruhe kommen, eine stimmungsvolle, fantasieanregende Sprache erleben und auf sich wirken lassen

Didaktische Überlegungen

Wiederholung des Gedichtes mit Bewegungen

Begleitende Bewegungen entfallen, weil der Text im Rahmen einer Fantasiereise von der Erzieherin vorgetragen wird.

Textanalyse

Das Gedicht „Meeresstille" ist kein Gedicht, das ursprünglich für Kinder geschrieben wurde. Es wurde von Joseph von Eichendorff (1788–1857) verfasst, einem der bekanntesten deutschen Autoren der Romantik. Zentrale Motive dieser Epoche sind die Ferne, das Gefühlvolle und Abenteuerliche, das Unterbewusste und die Sehnsucht. Die Motive spiegeln sich in der besonderen **Sprache der Romantik** wieder: mit dieser Sprachform sollen die Grenzen des Verstandes gesprengt werden; ja sie wendet sich gegen das bloße Nützlichkeitsdenken. Dem entsprechend analysieren wir hier nicht die Grammatik und Artikulation des Gedichtes. Es sollen lediglich einige charakteristische **Adjektive** und Nomen betrachtet werden. Die langen Vokale in „tief" und des Nomens „Flut" vermitteln Ruhe und lassen in die Tiefe einer geheimnisvollen Unterwasserwelt blicken. Der „falbe Schein" soll in seiner **Wortbedeutung** betrachtet werden: „falb" ist ein Adjektiv und bedeutet „gelblich" oder „graugelb".

In der ersten Strophe des Gedichtes wird der Zuhörer angeregt, in seiner **Fantasie** vom Bootsrand aus in das ruhige, weite Meer zu schauen und eine prächtige, bunte Unterwasserwelt zu entdecken. In der zweiten Strophe steht der „Seekönig" als eine fantastische Figur im Mittelpunkt, die dem Vorstellungsvermögen neue Impulse gibt. Seine Harfe steht symbolisch für Musik, Harmonie. Insgesamt ist das Gedicht sehr ruhig, stimmungsvoll und lässt eigene Bilder über das Meer sehr gut auftauchen.

Geförderte Entwicklungsbereiche

Das Gedicht „Meeresstille" von Joseph von Eichendorff soll nun im Rahmen eines Projektes als Fantasiereise für Kinder im Alter von vier bis sechs Jahren eingesetzt werden. In diesem sozialpädagogischen Angebot steht die **Förderung des emotionalen** Entwicklungsbereiches im Vordergrund:

- Sich sicher fühlen, Vertrauen in die Gruppe entwickeln
- Loslassen können, Stressabbau, Entspannung
- Zulassen, dass während der Fantasiereise eigene innere Bilder zum Gedicht entstehen

- Verarbeitung von Erlebnissen zum Thema Wasser, Meer, Fische (Freude, Ängste)
- Kreativer Ausdruck der eigenen inneren Bilder.

Im **motorischen Entwicklungsbereich** fördert eine Fantasiereise die eigene Körperwahrnehmung in der Ruhephase, das eigene Körperspüren und die Selbstregulation, d. h. den eigenen Körper in die Entspannung gleiten zu lassen. Hier wird die Kinästhetik, d. h. die Wahrnehmung des Bewegungsempfindens, der Körperspannung angesprochen (sensorischer Bereich).

Kognitiv erfassen die Kinder – je nach Entwicklungsstufe – das Gedicht ganzheitlich; d. h. sie erfassen die Stimmung und bestimmte „Schlüsselworte" wie „Traum", „dämmert", „Nacht", „Flut", „Seekönig", „Harfe" und können sich selbst in eine Traumwelt versetzen. Hierbei wird besonders das **kreative Denken** angesprochen: das Vorstellungsvermögen, das gedankliche Ausschmücken – das Fantasieren – . Die Kinder sollen hierfür genügend Zeit und Raum bekommen, damit sie sich auf ihre „inneren Bilder" einlassen und damit Erlebtes verarbeiten können. Aber auch Sehnsüchte und Bedürfnisse können in der Fantasiereise deutlich werden.

Im sozialen Bereich erleben die Kinder, dass eine Gruppe auch leise sein kann. Dass sich Vertrauen und Sicherheit in einer Gruppe zeigen können. Und die Kinder erleben, dass ihre Fantasievorstellungen ganz unterschiedlich sein können. Diese Unterschiedlichkeit gilt es von Seiten der Erzieherin wertzuschätzen und zu betonen, dass es kein „gut" – „besser" – oder „schlechter" gibt.

Projektarbeit

Vorerfahrungen der Kinder zum Thema „Unterwasserwelt – Meer – Meerestiere" im Rahmen eines Projektes sind unabdingbar für den Einsatz dieses Gedichtes.

Ein Projekt ist eine längerfristige Untersuchung eines Themas, das von den Kindern selbst bestimmt oder von der Erzieherin aufgrund von Beobachtungen der Spielthemen der Kinder ausgewählt wurde. Ein Projekt wird methodisch ganzheitlich durchgeführt, wobei die Partizipation der Kinder immer im Vordergrund steht.

Beim Projekt „Unterwasserwelt" kann die Ausgangssituation ein Gespräch mehrerer Kinder vor dem Aquarium im Kindergarten sein, das die Erzieherin mitgehört hat. Oder die Meeresurlaubserfahrungen der Kinder sind sehr lebendig und wollen nachbearbeitet werden. Durch die Mitbestimmung der Kinder kann das Projekt ganz individuell auf die Kindergruppe zugeschnitten werden und die Kinder erleben, dass ihre Interessen, Bedürfnisse und Wünsche von den Erwachsenen ernstgenommen werden und dass sie mit ihren Beiträgen das Projekt weiterbringen. Sie erleben Selbstwirksamkeit und lernen dadurch am besten. Ein Projekt sollte auch das Gemeinwesen der sozialpädagogischen Einrichtung einbeziehen, damit die Kinder ihre Lernorte erweitern. Beim Projekt „Unterwasserwelt" wären dies z. B. weitere Aquarien, die es zu besichtigen gibt, oder eine Tauchschule, die im Stadtteil ihren Sitz hat. Auch ein Zoogeschäft, das seine Fischabteilung vorstellt, wäre denkbar.

8

Methodische Überlegungen

Vorbereitung des Raumes:

Eine Fantasiereise bedarf grundsätzlich einer kleineren überschaubaren Gruppengröße (sechs bis acht Kinder im Entwicklungsalter von vier bis sechs Jahren) und eines ruhigen atmosphärisch ansprechenden Raumes mit wenig optischen und akustischen Reizen. Eine positive ansprechende Atmosphäre zu Beginn der Fantasiereise zu schaffen, ist als organisatorische Vorbereitung von der Erzieherin selbst zu leisten. Es wäre zum Beispiel möglich, eine Mitte mit Matten oder Matratzen zu schaffen, die in Form eines Schiffes gelegt werden. Braune Tücher formen das Boot, während blaue Tücher das Meer andeuten. Evtl. kann eine Harfe für die zweite Strophe ausgeliehen werden und „im Meer stehen".

Vorbereitung der Erzieherin:

Die Erzieherin hat den Gedichttext mehrmals gelesen, sodass sie ihn ausdrucksstark vorlesen kann. Ebenso hat sie für die kreative Verarbeitung nach der Fantasiereise zwei Tische mit Zeitungen abgedeckt und jedes teilnehmende Kind

Materialliste

* ein saugfähiges Aquarellpapier (DIN-A4) hingelegt,
* Wachsmalstifte mit hohem Wachsanteil,
* Gläser mit flüssiger blauer Acrylfarbe oder Aquarellfarbe – jeweils mit dicken breiten Pinseln,
* Zeitungen als Unterlage (unter dem Aquarellpapier),
* einen Malkittel und
* einen CD-Player mit Meeresrauschen als Hintergrundmusik vorbereitet.

Die Erzieherin hängt eine Wäscheleine zum Trocknen der Bilder auf bzw. richtet einen Trockenplatz her.

Geplanter Ablauf

Einstieg

Die Kinder sammeln sich vor der Tür des Raumes, in dem die Fantasiereise stattfindet. Die Erzieherin bittet sie, sich erst einmal im Raum umzusehen; dabei sollen die Kinder das Boot, das Meer, die Tische zum Malen und evtl. die Harfe entdecken. Wenn eine Harfe im Raum steht, sollten die Kinder das Instrument genauer betrachten können und die Saiten klingen hören. Die Erzieherin achtet in dieser Ankommensphase auf eine ruhige Atmosphäre.

Dann werden die Kinder eingeladen, sich in das Boot zu setzen. Dabei sollen sie langsam ruhig werden und auf das Meeresrauschen hören, das die Erzieherin am CD-Player angemacht hat. Die Kinder werden aufgefordert, mit den Wellen zu atmen und dabei ihren Atem am Bauch zu spüren. Anschließend legen sich die Kinder auf die Matratzen und spüren im Liegen ihrem Atem nach, indem sie ihre Hand auf den Bauch legen. Je nach Erfahrungsstand der Kinder, den Einsatz von Fantasiereisen betreffend, kann die Erzieherin noch zusätzlich eine Entspannungsübung mit einplanen, z. B. den Körper auf den Matratzen spüren – einzelne Körperteile werden von der Erzieherin genannt, und die Kinder spüren den entsprechenden Körperteil auf der Matratze. Die Kinder suchen sich eine gemütliche und angenehme Position im Liegen, wo sie sehr gut zuhören und sich angenehm fühlen können. Den Kindern bleibt es überlassen, ob sie ihre Augen schließen oder ob sie mit geöffneten Augen liegen wollen.

Hauptteil

Die Erzieherin liest nun das Gedicht „Meeresstille“ langsam und betont zweimal vor mit ganz bewusst gesetzten Pausen. Dann lässt sie die Kinder langsam wieder auf dem Boot im Kindergarten ankommen. Die Kinder sollen sich strecken und recken und anschließend Platz am Maltisch nehmen.

Nun können die Kinder mit den Wachsmalkreiden gestalterisch festhalten, wie sie die Unterwasserwelt während der Fantasiereise erlebt bzw. was sie gesehen haben. Dabei haben die Kinder den größtmöglichen gestalterischen Freiraum – denn nur sie wissen, was sie sich bei dem Gedicht „Meeresstille“ vorgestellt haben. Nun können die Kinder das Meer mit der flüssigen Farbe, die sie über das mit Wachsmalkreiden Gemalte streichen, vervollständigen.

Abschluss

Wenn alle fertig sind, erzählen die Kinder, die möchten, von ihrer Fantasiereise. Nach dem Trocknen der Bilder können diese mit dem Gedicht zusammen aufgehängt werden.

Varianten/Vertiefungshinweise

Im Rahmen des Projektes „Unterwasserwelt" können weitere Aktivitäten durchgeführt werden:

* Besuch eines Zoogeschäftes oder Aquariums
* Fische malen, ausschneiden, ein Aquarium gestalten
* Bilderbuch „Der Regenbogenfisch"
* Bewegungsspiel: „Fischer, wie tief ist das Wasser?"
* Kinder verkleiden sich als „Seekönig" und spielen „Unterwasserwelt"
* Rhythmik nach Harfenmusik

9 Die Nadel sagt zum Luftballon

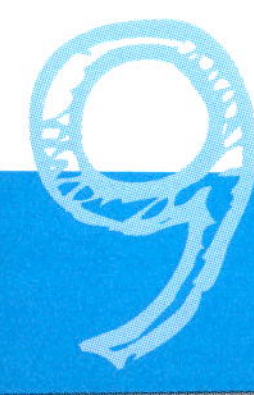

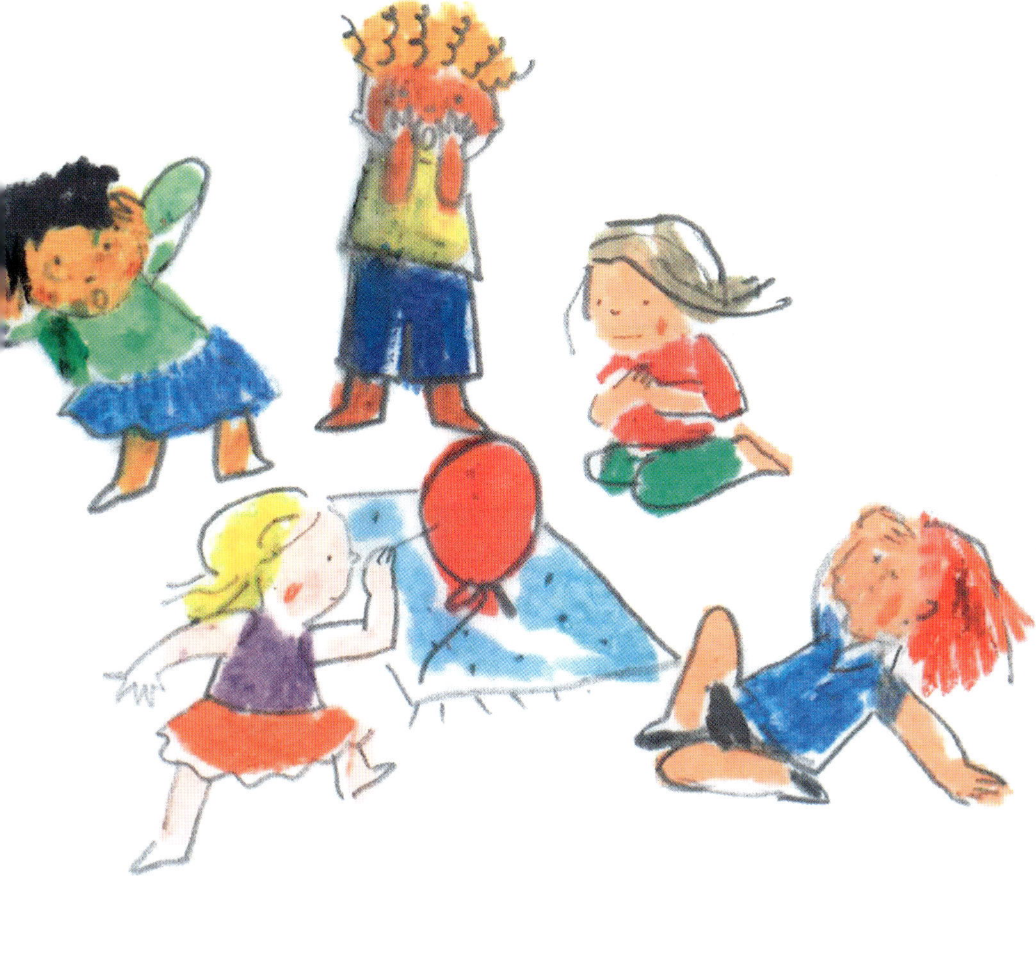

Die Nadel sagt zum Luftballon

Die Nadel sagt zum Luftballon:
„Du bist rund, und ich bin spitz!
Jetzt machen wir beide einen Witz.
Ich weiß ein lustig Schnätteretäng
ich mache pick,
und du machst päng!“

(Stöcklin-Meier, 2004, S. 16)

Charakteristika

 empfohlenes Alter: zwei bis sechs Jahre

 Gruppengröße: Kleingruppe, vier bis sechs Jahre Kinder oder Morgenkreis mit allen Kindern

 Zeit: 20–30 Minuten

Förderbereiche: Kontaktaufnahme – Sozialer Bereich, Emotionales Erlebnis

Didaktische Überlegungen

Wiederholung des Gedichts mit passenden Bewegungen

Text	Bewegung
Die Nadel sagt zum Luftballon:	Linke Hand streckt den Zeigefinger als Nadel hoch. Rechte Hand stellt mit dem Daumen und den Fingern einen Luftballon (Kreis) dar.
„Du bist rund, und ich bin spitz!	„Nadel“ zeigt zum „Luftballon“

Jetzt machen wir beide einen Witz. Ich weiß ein lustig Schnätteretäng ich mache pick,	„Nadel“ sticht in den „Luftballon“
und du machst päng!“	Beide Hände klatschen zusammen.

Warum führe ich den Reim in dieser Kindergruppe ein?

Dieses Fingerspiel eignet sich sehr gut, wenn sich eine Kindergruppe im Alter von zwei bis sechs Jahren im Kindergarten neu findet. Beim gemeinsamen Spiel kann eine lustige, gelöste Atmosphäre entstehen, die (durch den methodischen Aufbau) eine Kontaktaufnahme zueinander ermöglicht und in eine Spielgestaltung miteinander mündet. Auch die Erzieherin selbst kann durch den Einsatz dieses Reimes Kontakt zu den Kindern aufbauen. Da das Fingerspiel sehr kurz ist, kann sie den Text leicht auswendig lernen. Durch die Kürze werden insbesondere neue Kinder in ihrem Konzentrationsvermögen nicht überstrapaziert und auch jüngeren Kindern wird ermöglicht, an dieser Gruppenerfahrung teilzunehmen. Der Luftballon ist aus der Lebensnähe und dem Erfahrungsbereich der Kinder; während eine Nadel vielleicht noch nicht aus der Nähe betrachtet wurde – also ein neues Element wäre.

Textanalyse

Die Kinder erweitern und festigen ihren **Wortschatz** zum Beispiel

- durch Substantive wie „Nadel“; „Luftballon“ und „Witz“;
- durch Adjektive wie „rund“ und „spitz“ und
- durch einfache Verben in verschiedenen Beugungen: „sagen“; „sein“; „kommen“ und „machen“.

Im Fingerspiel wird g**rammatikalisch** gesehen das Präsens (Gegenwartsform) verwendet: „sagen“ wird in „sagt“ verwandelt (3. Person Singular), anschließend folgt im Text die wörtliche Rede. Weitere Verben werden entsprechend der Beugung (Konjugation) im Text gebildet:

„machen“ = „ich mach(e)“, „du machst“ oder „sein“ = „ich bin“, „du bist“.

Dass das Wort „Witz“ etwas mit Lachen zu tun hat, ist vielleicht noch nicht allen Kindergartenkindern klar und bedeutet deshalb eine

Einführung der Wortbedeutung und eine Wortschatzerweiterung. Auch die Personalpronomen „ich“ und „du“ (1. und 2. Person Singular) sind im Fingerspiel festzustellen. Das Wort „Schnätteretäng“ ist ein Fantasiewort, das lautmalerisch eingesetzt wird.

In Bezug auf den Satzbau sind im Text kurze Hauptsätze und ein Imperativsatz (Aufforderungssatz) enthalten: „Komm, wir machen einen Witz!“ Zudem werden zwei Hauptsätze mit „und“ verbunden „Du bist rund und ich bin spitz“ und „ich mache pick und du machst päng!“

Von der **Artikulation** her wird in diesem Reim mit den Lauten und der Sprache gespielt und das Zerplatzen des Luftballons sprachlich aufgegriffen „Schnätteretäng“. Die Anlautverbindung „spr“ bei „sprach“ und „sp“ bei „spitz“ sowie die vielen Zischlaute, die im Spruch vorkommen, stellen wahrscheinlich eine Herausforderung für die Kinder dar. So kann das Fingerspiel dazu dienen, die Aussprache zu üben und zu fördern.

Die **Sprechfreude** wird durch die positive Atmosphäre während des Spiels gefördert. Die Eingangsfragen: „Was macht man mit einer Nadel?“ und „Was habt ihr schon mit Luftballons gemacht?“, regen durch die offene Fragestellung zum Nachdenken und Sich-Beteiligen an. Jedes Kind wird angesprochen, und jedes Kind darf sich äußern.

Durch das Fingerspiel werden insbesondere die Merkfähigkeit und die Konzentration gefördert. Da der Text sehr kurz ist und eine klare Handlungsstruktur hat, können die Kinder schon nach kurzer Zeit das Fingerspiel mitsprechen.

Geförderte Entwicklungsbereiche

Die Kinder sammeln **Tasterfahrungen**: rund, spitz, hart, weich. Dazu werden der Luftballon und die Nadel in der Gruppe herumgegeben, und anschließend werden die Kinder nach ihrem Tasterleben gefragt. Auf diese Art kann jedes Kind seine individuellen Erfahrungen im taktilen Bereich sammeln und gegebenenfalls äußern. Die Kinder geben die Nadel ganz vorsichtig und behutsam an ihren Nachbarn im Kreis weiter. Hierfür ist eine äußerst konzentrierte Wachsamkeit notwendig und eine Regulierung und Beherrschung der Fingermotorik. Das **assoziative Hören** wird in dem „Hörrätsel“ angesprochen: die Kinder erraten, welchen Gegenstand sie hören – den Luftballon.

Die Kinder erfassen die Bewegungen und Gesten zu dem Fingerspiel und ahmen diese mit ihren Fingern, Händen und Gesten nach. Hier wird die **Koordination der Finger** angesprochen und die Feinmotorik geübt. Beim Rollenspiel mit allen Kindern kommt der gesamte Körper zum Einsatz: Körperbeherrschung, Körperspannung und Körperentspannung.

Das gemeinsame Tun, die gemeinsame Freude am Tun – am „Quatsch" machen, indem mit der Sprache gespielt wird, sorgt für eine gelöste, entspannte Atmosphäre in der Kindergruppe. Es ist ein **emotionales Erlebnis**, wenn Kinder gemeinsam lachen.

Die einzelnen Kinder nehmen durch die besondere Methodik des Fingerspiels vorsichtig und achtsam Kontakt zu den anderen auf, z. B. indem sie die Nadel weitergeben. Es schließen sich Partnerarbeit und ein gemeinsames Spiel in der Gesamtgruppe an. Hier sollen erste positive Gruppenerfahrungen miteinander gemacht werden.

Methodische Überlegungen

Vorbereitung

Der Gruppenraum bzw. der Gruppenkreis (Stuhlkreis; Morgenkreis) eignet sich als Ort für die Einführung des Fingerspiels sehr gut. Hierbei können alle Kinder im Alter von zwei bis sechs Jahren teilnehmen. Möglich ist es allerdings auch, das Fingerspiel in einer ausgewählten Kleingruppe einzuführen. Wichtig ist, dass die Kinder so sitzen, dass sie sich alle sehen können. Ob die Kinder auf Stühlen sitzen oder nicht, ist nicht entscheidend – wichtig ist, dass noch Platz und Raum für das Rollenspiel gegeben ist.

Als Vorbereitung zu Hause richtet sich die Erzieherin alle Materialien (Stopfnadeln und Nadelkissen; Luftballons und ein Tuch als Mitte) und lernt das Fingerspiel auswendig. Sollte es Probleme dabei geben, kann sie sich einen kleinen „Spickzettel" für die Hosentasche schreiben.

Geplanter Ablauf

Einstieg

Die Erzieherin sagt den Kindern, dass sie ein neues Fingerspiel vorstellen möchte. Bei diesem Fingerspiel geht es um zwei Gegenstände!

Sie holt die Nadel, die in dem Nadelkissen steckt, und zeigt sie der Gruppe. Einzelne Kinder werden sich spontan äußern. Die Erzieherin zeigt die Nadel und fragt die Kinder, was man mit ihr wohl machen kann? Erste Antworten werden gesammelt und für sich stehen gelassen. Die Erzieherin erklärt, dass die Nadel nun ganz vorsichtig im Kreis weitergegeben wird: Jeder gibt langsam und vorsichtig die Nadel an den Nachbarn weiter und schaut dabei die Nadel immer an. Die Erzieherin weist darauf hin, dass die Nadel spitz ist – fasst dabei mit dem Finger an die Spitze. „Wenn nicht vorsichtig mit der Nadel umgegangen wird, kann man sich verletzen!" Während die Kinder die Nadel betrachten, die Spitze anfassen und weitergeben, fragt die Erzieherin: „Wie heißt das Loch in der Nadel – ganz oben?" Die richtige Antwort „Nadelöhr" wird von der Erzieherin wiederholt. Sie fragt weiter: „Was kommt in das Nadelöhr?" Hier soll der Ablauf des Nähens besprochen werden.

Wenn alle Kinder die Nadel betrachtet haben, wird sie in das Nadelkissen gesteckt und in die Mitte auf das Tuch gelegt.

„Nun kommt der zweite Gegenstand des Fingerspiels" – die Erzieherin erzeugt mit dieser Ansage Spannung. Sie bittet die Kinder, die Augen zu schließen und nur zu hören (noch nichts zu sagen). Die

Erzieherin pustet den Luftballon, den sie aus ihrer Hosentasche geholt hat, in ihren eigenen Händen langsam auf und lässt die Luft langsam wieder aus dem Luftballon. Nun können die Kinder die Augen öffnen und äußern, was sie gehört haben. Alle Meinungen sollen geäußert werden dürfen, ohne dass sie gleich korrigiert werden. Nun lassen die Kinder die Augen offen, und die Erzieherin wiederholt das Aufpusten des Luftballons. Jetzt wird das Rätsel für alle gelöst! Der Luftballon wird von der Erzieherin verknotet und an die Kinder im Kreis gegeben. Jedes Kind gibt den Luftballon an den Nachbarn weiter. Die Erzieherin stellt folgende Fragen: „Wie fühlt sich der Luftballon an? Welche Farbe hat er? Welche Form? Wo habt ihr schon mal einen Luftballon erlebt?“

Wenn alle Kinder den Luftballon angesehen und angefasst haben, wird dieser auch in die Mitte auf das Tuch zu der Nadel gelegt.

Hauptteil

Die Erzieherin kündigt an, dass nun die Nadel und der Luftballon ein Spiel miteinander spielen – „Was könnte denn da passieren?“ Die Kinder spekulieren über verschiedene Möglichkeiten, werden hier schon über die mögliche Handlung, dass der Luftballon kaputt geht, informiert.

Die Erzieherin stellt das Fingerspiel langsam und ausdrucksstark der Kindergruppe vor. Bei „Päng“ wird thematisiert, dass der Luftballon kaputt gegangen ist. Die Erzieherin wiederholt das Fingerspiel – wieder langsam und ausdrucksstark – und bittet die Kinder mitzumachen.

In der weiteren Wiederholung des Fingerspiels werden jeweils zwei Kinder zusammenspielen. Ein Kind spielt die Nadel – ein anderes den Luftballon. (Die Paare bitte der Reihe nach vorstellen lassen, da sonst gerade für die jüngeren Kinder unklar ist, mit welchem Partner sie spielen.) Das Kind, das den Luftballon spielt, pustet imaginär seinen „Fingerluftballon“ auf. Der Fingerspieltext wird wiederholt, und die einzelnen Rollen (Nadel/Luftballon) werden jeweils gespielt. Das „Päng“ am Ende wird durch das gemeinsame Klatschen dargestellt. Evtl. kann mit wechselnden Rollen das Spiel wiederholt werden.

Abschluss

Die gesamte Kindergruppe spielt das Fingerspiel als Rollenspiel. Alle sind der Luftballon. Es werden „ein Luftballonaufpuster“ und „eine Nadel“ als Rolle extra besetzt. Diese Kinder sollen sich an der Seite des Raumes positionieren. Die Kindergruppe steht auf, hält sich an den Händen und geht an den freien Platz im Raum. Sie stehen ganz eng zusammen, bis der „Luftballonaufpuster“ sie „aufpustet“. Ganz langsam wird die Kindergruppe größer. Der Fingerspieltext wird gemeinsam gesprochen: „Die Nadel sprach zum Luftballon“. Nun spricht die „Nadel“ (evtl. mithilfe der Erzieherin): „Du bist rund und ich bin spitz. Komm, wir machen einen Witz. Da gibt´s ein lustig Schnätteretäng. Ich mache pick und du machst päng!“ Bei „päng“ platzt der Luftballon – also die gesamte Kindergruppe hüpft und lässt sich zu Boden fallen.

Je nach Konzentration der Gruppe kann das Abschlussrollenspiel nochmals gespielt werden. Es kann aber auch angekündigt werden, wann das Fingerspiel/Rollenspiel wieder gespielt wird.

Varianten/Vertiefungshinweise:

* Das Fingerspiel kann als Bildergeschichte illustriert werden.
* Das Fingerspiel kann als Schattenspiel aufgeführt werden.
* Luftballonspiele mit unterschiedlich gefüllten Luftballons werden durchgeführt (mit Sand oder Reis oder Bohnen oder Papierschnipsel gefüllt)
* Die Kinder können versuchen, mit der Nadel zu nähen: Perlen auffädeln oder mit Wolle in ein Papier nähen

10
Der Faden

Der Faden

Es war einmal ein Faden,
der lag da wie ein Strich.

Der lag da und langweilte sich.
„Was tu ich? Ich ringle mich!"

Er ringelte sich zur Spirale
und dann mit einem Male

machte er aus sich draus
eine Schnecke mit ihrem Haus.

Gleich wurde was Neues gemacht:
Heidiwitzka, eine 8!

Bald drauf eine Dickedull,
eine kugelrunde Null.

Dann noch, mit viel Geschick,
ein Fisch, ein Meisterstück!

„Was kann ich jetzt noch sein?"
dachte der Fisch. Da fiel ihm was ein.

„Ich schlängle mich als Schlange –
wenn wer kommt, dann wird ihm bange!"

Dass wer kommt –
drauf wartet er schon lange.

(Guggenmos, 1998, S. 105)

Charakteristika

Mit zwei Altersgruppen durchzuführen: zwei bis drei Jahre oder vier bis sieben Jahre

Gruppengröße: maximal vier Kinder unter drei Jahren bzw. sechs Kinder über drei Jahren, bei den älteren Kindern auf eine gerade Anzahl achten

 Zeit: 20 – 30 Min./30 – 60 Min.

Hauptförderbereiche: Tastsinn, Kreatives Gestalten, Zusammenarbeit

Didaktische Überlegungen

Gedicht mit passenden Bewegungen mit dem Faden – „Fadenbildern“

Der Faden	
Es war einmal ein Faden, der lag da wie ein Strich.	
Der lag da und langweilte sich. „Was tu ich? Ich ringle mich.“	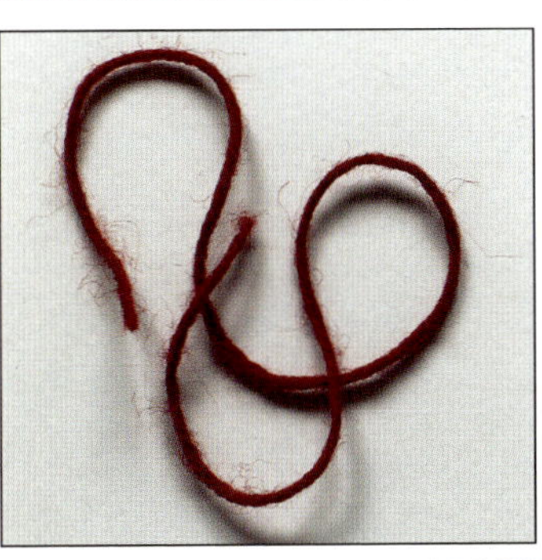

Er ringelte sich zur Spirale und dann mit einem Male machte er aus sich draus eine Schnecke mit ihrem Haus.	
Gleich wurde was Neues gemacht: Heidiwitzka, eine 8!	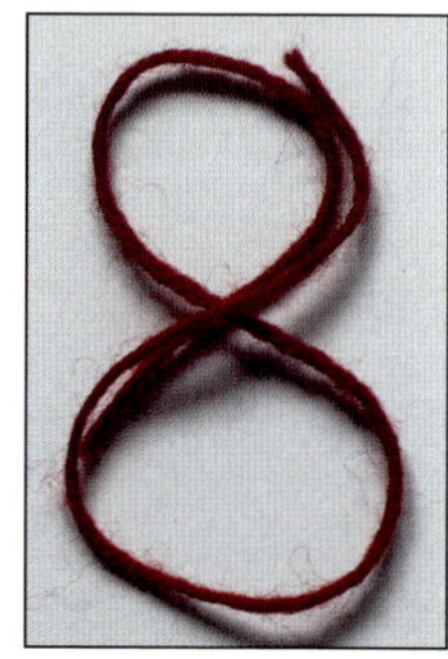
Bald drauf eine Dickedull, eine kugelrunde Null.	
Dann noch mit viel Geschick ein Fisch, ein Meisterstück!	

„Was kann ich jetzt noch sein?“ dachte der Fisch. Da fiel ihm was ein.
„Ich schlängle mich als Schlange – wenn wer kommt, dann wird ihm bange!“

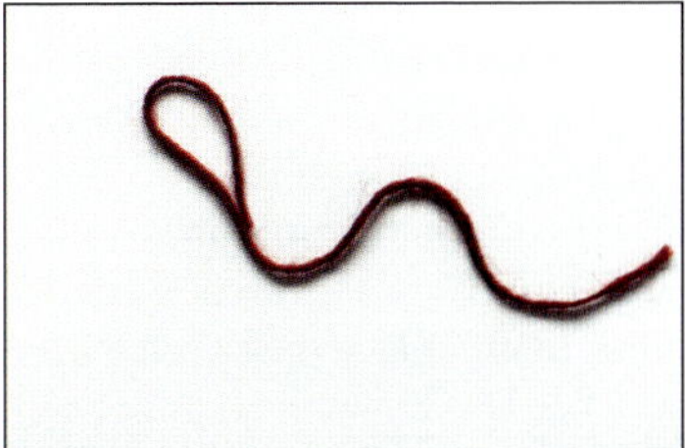

Dass wer kommt – drauf wartet er schon lange.

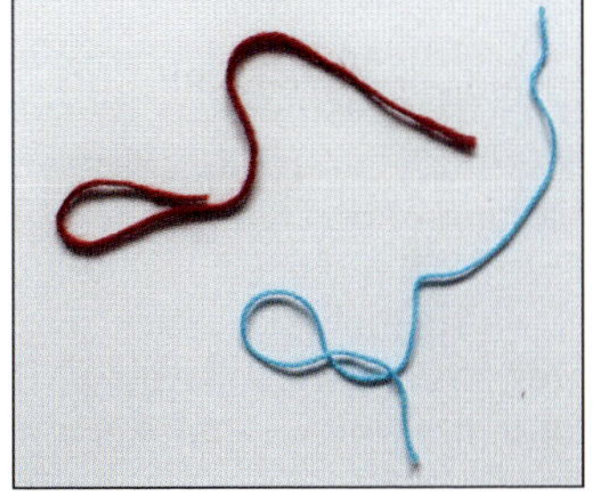

Textanalyse

Das Gedicht „Der Faden“ von Josef Guggenmos beginnt wie im Märchen: „Es war einmal.“ Dadurch wird der Zuhörer gleich ins Reich der Fantasie versetzt. **Grammatikalisch** ist das Gedicht im Präteritum (1. Vergangenheit) gesetzt, was deutlich wird an

- den unregelmäßigen Verben: lag, wurde, fiel und den
- regelmäßigen Verben: ringelte, machte, dachte.

Vom **Satzbau** her betrachtet ist festzustellen, dass viele Sätze umgangssprachlich sind und in direkter Rede stehen, was die Zuhörer ganz direkt anspricht und diese in das Gedicht miteinbezieht. Das Thema „Faden“ und der **Hauptwortschatz** müssten den Kindern im Vorschulalter (5/6 Jahre) bekannt sein, zumal die Hauptwörter „Faden“, „Strich“, „Spirale“, „Acht“... etc. durch das Legen mit dem Faden veranschaulicht werden. Den jüngeren Kindern (unter drei Jahren) wird durch die konkrete Anschauung der Wortschatz vermittelt. Dafür ist wichtig, dass die Erzieherin besonders langsam und betont spricht. Lautmalerisch erfundene Wörter wie „Heidiwitzka“ oder „Dickedull“ erschließen sich aus dem Inhalt und der Handlung, und es macht den Kindern Spaß, sie auszusprechen, obwohl die **Artikulation** nicht einfach ist. Insgesamt hat das Gedicht schwierige „s“-Verbindungen: „Strich“, „sich“, „Spirale“, „Schnecke“, „Schlange“,

„Fisch“, „Meisterstück“, „schlängle“. Die **Sprechfreude** wird angeregt durch die märchenhafte Darstellung des Fadens – eines Fadens, der spielt, experimentiert, neues ausprobiert – dem aber auch langweilig ist und der keine Freunde hat. Dies spricht die Kinder in ihrer eigenen Erfahrungssituation an und lässt sie sich mit dem Faden identifizieren. Durch den Paarreim besitzt das Gedicht einen Rhythmus, der eine fröhliche Atmosphäre auslöst.

Geförderte Entwicklungsbereiche

Der Reim erleichtert die Merkfähigkeit und Konzentration im **kognitiv-kreativen Entwicklungsbereich**. Die Kinder werden im kreativen Bereich angesprochen, da sie mit dem Faden und der Kleisterfarbe experimentieren. Sie erfassen die Vorgehensweise der kreativen Gestaltung und setzen diese in ihr eigenes Tun um. Dabei ist für die älteren Kinder das Erfassen der Technik „Fadengrafik“ anspruchsvoller, da sie mehrere Schrittfolgen beinhaltet. Die jüngeren Kinder erleben die Kleisterfarbe und hinterlassen ihre Spuren gemeinsam auf dem farbigen Pappkarton. Diese Selbstwirksamkeit (das Sehen, Spüren und Erleben der eigenen Spuren, die man hinterlässt) stärkt die Kinder in ihrem Selbstbewusstsein.

Im **sensorischen Bereich** müssen sich vielleicht einige Kinder überwinden, den klebrigen, feuchten, dünnen, glatten Kleisterfaden zu berühren, um genau diese Tasterfahrungen sammeln zu können. Dieses sinnliche Erleben beim Experimentieren mit den Kleisterfäden soll auch im visuellen Bereich differenziert werden: Farbkombinationen, Farbmischungen und Farbkontraste, die bei den älteren Kindern verbalisiert werden können. Die sensorische und **feinmotorische Förderung** sind eng miteinander verflochten, denn die sensorischen Erfahrungen können nur durch die genau abgestimmten Fingerbewegungen bzw. Handbewegungen gesammelt werden.

Da bei der „Fadengrafik“ jeweils zwei ältere Kinder zusammenarbeiten, wird besonders das **soziale Miteinander** angesprochen:

- Absprachen müssen getroffen werden,
- gemeinsam wird an einem Werk Unterschiedliches getan,
- Vorstellungen müssen ausgetauscht werden; wobei grundsätzliche Gesprächsregeln eingehalten werden müssen,
- Konflikte oder Missverständnisse müssen geklärt werden,
- es muss abgesprochen werden, wer die Führung der Zweiergruppe übernimmt, bzw. wer sich anpasst.

Die jüngeren Kinder erleben die Entstehung eines Gemeinschaftsbildes. Alle gestalten gemeinsam, jedes Kind trägt seinen Teil bei, damit schließlich alle Kleisterfäden auf dem großen Papier sind, das Bild gehört allen.

Die Überraschung beim Aufdecken der Fadengrafik, die Freude am Spuren hinterlassen, lässt die Kinder staunen über ihre eigenen Fähigkeiten und stolz darauf sein. Die **emotionale Seite** des Angebotes stärkt sowohl den Einzelnen als auch das soziale Miteinander.

Methodische Überlegungen für Kinder unter drei Jahren

Vorbereitung

Für die Gedichteinführung wird ein weißer Baumwollfaden benötigt, der in die Hosentasche der Erzieherin gesteckt werden sollte. Außerdem sollte die Erzieherin das Gedicht auswendig lernen und evtl. für sich als Hilfestellung einen „Spickzettel" schreiben. Für die Kinder wird jeweils ein Fadenstück (ca. 20 cm) abgeschnitten und in die andere Hosentasche gesteckt.

Zum kreativen Gestalten:

* Kleisterfarben in den Grundfarben Rot, Gelb und Blau herstellen: Acrylfarben bzw. Ostereierkaltfarben mit dem angerührten Tapetenkleister in Schälchen vermischen.
* kurze weiße Baumwollfadenstücke in die Farbschälchen tunken, damit sie die Farbe annehmen, und ein Stückchen heraushängen lassen.
* Pappkarton DIN A 1 – weiß
* Malkittel
* Wachstischtuch für Tisch
* Waschlappen und Handtücher zum Hände abwischen

Raumskizze für Kinder unter 3 Jahren

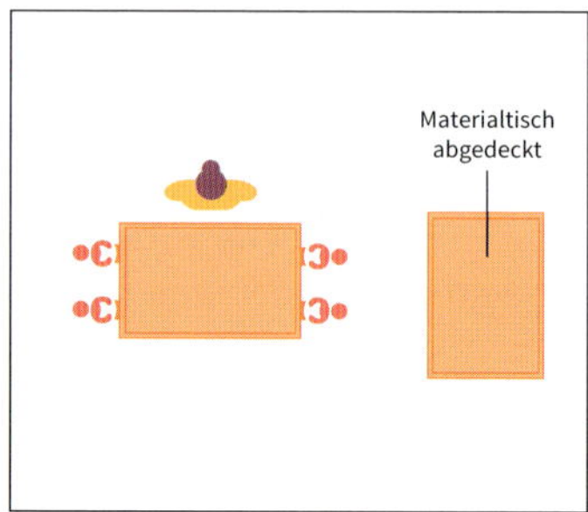

Geplanter Ablauf für das sozialpädagogische Angebot

Einstieg

Die Erzieherin setzt sich mit den Kindern an den Tisch, begrüßt sie und berichtet:

> *„Heute wollen wir mit etwas ganz Besonderem spielen. Mal schauen, wo er ist?"*

Die Erzieherin holt einen Faden aus ihrer Hosentasche und stellt diesen vor:

> *„Hallo, ich bin der Faden ... Wer bist du?"*

Die Erzieherin benutzt den Faden wie eine „Handpuppe", sie personalisiert ihn. Die Kinder stellen sich vor – der Faden begrüßt jedes einzelne Kind. Die Erzieherin legt den Faden vor sich hin, und der Faden erzählt seine Geschichte. Die Erzieherin trägt das Gedicht frei (evtl. mit Spickzettel) und ausdrucksstark vor und legt dabei die entsprechenden Bilder mit dem Faden auf den Tisch (s. Seite 107–109).

Die Erzieherin macht nach dem Gedichtvortrag eine kurze Pause und holt dann die weiteren Fäden (pro Kind je ein Faden) aus der Hosentasche. Sie wiederholt das Gedicht und lässt die Kinder frei mit ihrem Faden dazu spielen. Die Fäden können nun – je nach dem Bedürfnis des einzelnen Kindes – dem weiteren Geschehen zuschauen oder in die eigene Hosentasche gesteckt werden.

Hauptteil

Die Erzieherin leitet zum weiteren Spielgeschehen über:

> *„Jetzt können wir ausprobieren, ob der Faden auch malen kann ..."*

Sie bittet die Kinder an den Materialtisch, deckt diesen ab, lässt die Materialien betrachten und benennen. Dann werden die Malkittel angezogen und die Kleisterschälchen an den Tisch getragen. Die Erzieherin bringt die große Pappe, die sie in die Mitte legt. Sie fordert nun die Kinder auf, die Fäden aus den Farbschälchen zu nehmen und mit diesen auf der Pappe zu malen – Spuren zu hinterlassen. Gemeinsam werden nun die farbigen Kleisterfäden auf dem großen Karton verteilt. Je nach Situation – je nach Spur der Fäden – kann die Erzieherin die entsprechende Textzeile des Gedichtes wiederholen. Die Erzieherin begleitet die Experimentierphase, indem sie sich jedem Kind und seinem Tun widmet und ihm Aufmerksamkeit schenkt. Sollte einem Kind der Kleister zu unangenehm an den Händen sein, kann es sich an den Handtüchern oder Waschlappen die Hände abwischen. Auch der „Spielfaden“ kann mit in die Gemeinschaftsarbeit eingebaut werden. Die Erzieherin „spürt“, ab wann sie das kreative Geschehen beenden sollte.

Abschluss

Die Kinder wischen sich die Hände grob an den Handtüchern ab und betrachten nochmal das Kleisterfadenbild. Sie überlegen gemeinsam mit der Erzieherin, wo sie es aufhängen wollen und helfen mit beim Aufräumen der Materialien, die sie auf den Materialtisch zurücklegen.

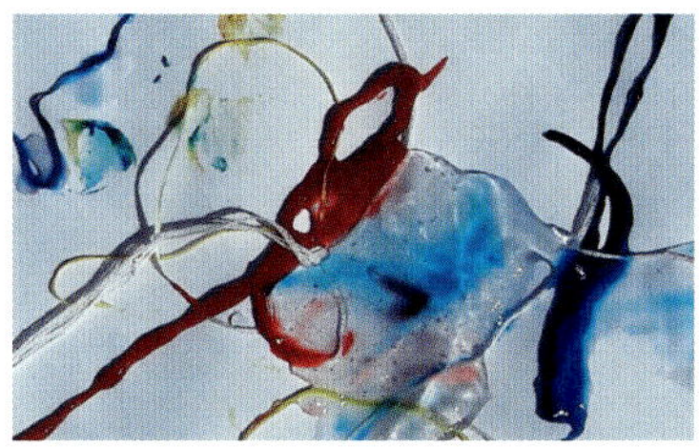

Methodische Überlegungen für Kinder im Vorschulalter

Vorbereitung

Für die Gedichteinführung: für jedes Kind ein gleichfarbiges, gleichlanges Fadenstück (ca. 30 cm), ebenso für die Erzieherin.

Zum kreativen Gestalten:

* Kleisterfarben in den Grundfarben Rot, Gelb und Blau herstellen: Acrylfarben, bzw. Ostereierkaltfarben mit dem angerührten Tapetenkleister in Schälchen vermischen.
* Baumwollfadenstücke (ca. 30 cm) in die Farbschälchen tunken und ein Stückchen heraushängen lassen. (s. Abbildung S.111)
* für jedes Kind mindestens vier Blatt festeres Papier, DIN-A5
* Malkittel
* Wachstischtuch für den Tisch
* Waschlappen und Handtücher zum Hände abwischen
* Platz zum Trocknen der fertigen Bilder
* Stift, um die Namen auf die fertigen Bilder schreiben zu können

Raumskizze: Vorschaukinder

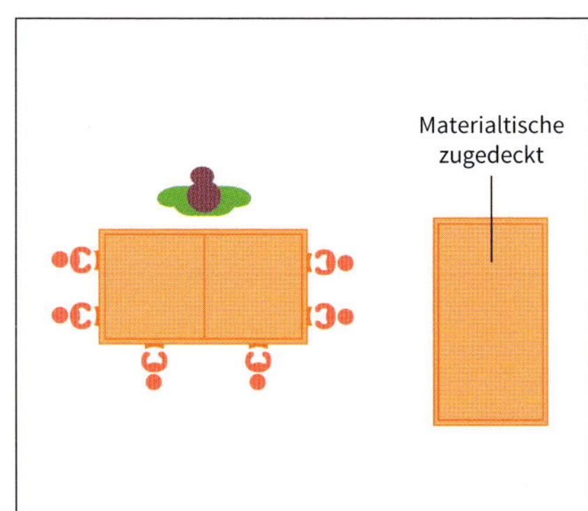

Geplanter Ablauf

Einstieg

Die Erzieherin setzt sich mit den Kindern an den Tisch (siehe Raumskizze). Sie kündigt an, dass sie heute mit ihnen mit etwas ganz Besonderem spielen möchte. Dabei holt sie für sich und die Kinder jeweils einen Faden heraus. Sie fragt:

„Was kann man mit so einem Faden machen?“

Die Erzieherin sammelt die Antworten der Kinder – gibt gegebenenfalls Correctiv Feedback. Mit der Einleitung:

„Jetzt wollen wir mal sehen, was aus dem Faden so alles werden kann ...“

trägt sie das Gedicht auswendig vor und legt die dazugehörigen Fadenbilder. Die Kinder werden aufgefordert, diese Bilder mit ihrem Faden nachzulegen.

Nach der ersten Gedichtvorstellung macht die Erzieherin eine kurze Pause, um das Gedicht wirken zu lassen und fragt:

„Was wünscht sich der Faden?“

– Dass ein anderer dazu kommt, um mitzumachen! Und dies wird in der Wiederholung des Gedichtes umgesetzt. Zu zweit sollen die Kinder nun zum Gedichtvortrag der Erzieherin Fadenbilder legen – also mit zwei Fäden gemeinsam.

Hauptteil

Nach dem zweiten Gedichtvortrag kündigt die Erzieherin an, nun zu zweit mit dem Faden zu malen. Die eigenen Fäden können eingesteckt werden. Sie fragt:

„Hat jemand eine Idee, wie das gehen könnte?“

Es werden zunächst Ideen gesammelt. Danach gehen alle zum Materialtisch, wo das Material betrachtet und benannt wird. Hier werden Ideen wieder aufgegriffen bzw. erweitert. Die Kinder nehmen die Schälchen mit den Kleisterfäden, Papiere und Handtücher/Waschlappen mit an den Maltisch und ziehen sich die Malkittel an. Die Erzieherin führt den Kindern die Technik der Fadengrafik vor – bittet davor ein Kind um Hilfe und die anderen um Aufmerksamkeit:

* Platz und Material richten: weißes Blatt Papier (DIN-A5) vor sich legen, ein oder zwei Schälchen mit den Kleisterfäden und ein zweites Blatt Papier
* Auf das Papier ein oder zwei Kleisterfäden ringeln oder legen – wie eines der Fadenbilder im Gedicht, jedoch das trockene Fadenende an der unteren Seite heraushängen lassen.
* Das zweite Blatt Papier darauf legen.
* Das mithelfende Kind legt seine beiden Hände auf das obere Blatt Papier.
* Die Erzieherin zieht die heraushängenden Fäden ganz durch und legt sie auf die Seite.

* Dann wird es spannend: die obere Seite des Papiers wird aufgedeckt, und auf beiden Seiten des Papiers ist die Fadengrafik zu sehen – spannende neue Bildkompositionen.

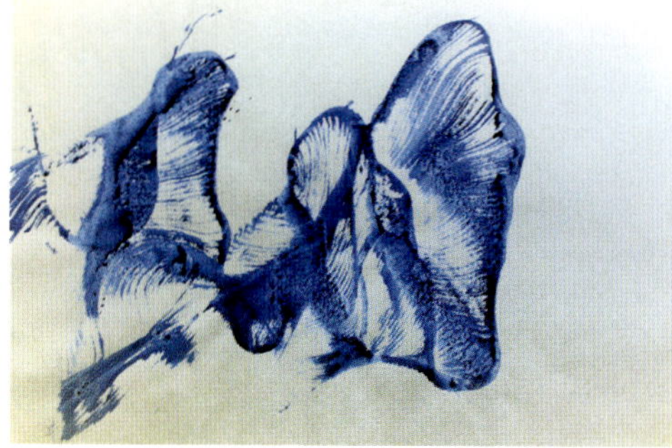

Die Kinder arbeiten nun zu zweit an ihrer Fadengrafik: Sie einigen sich, wer von ihnen beginnt, helfen sich gegenseitig, schreiben ihren Namen auf die fertigen Bilder und bringen sie zum Trockenplatz. Die Kinder sollten mindestens jeweils einmal die Fadengrafik durchführen und danach entscheiden, ob sie es noch einmal machen möchten.

Abschluss

Die Kinder betrachten ihre entstandenen Bilder gemeinsam. Dabei stellen sie Verbindungen zu den Fadenbildern aus dem Gedicht her, zeigen auf Farbmischungen und Farbkontraste und fantasieren, was die Fadengrafik wohl darstellen könnte. Es kann auch überlegt werden, wo die Bilder aufgehängt werden. Die Kinder helfen zum Schluss beim Aufräumen der Materialien.

Varianten/Vertiefungshinweise

* Das Gedicht „Der Faden“ kann auch in der Rhythmik oder als Bewegungsstunde mit Seilen umgesetzt werden.
* Es kann aus den einzelnen Fadenbildern zu dem Gedicht ein „Gedichtbuch“ entstehen.
* Zudem können Woll- oder Baumwollfäden als Spielmaterial frei am Kreativtisch eingesetzt werden: Schnecken legen und aufkleben, Pompons wickeln und herstellen, Weben etc.
* Kleisterpapier mit unterschiedlichen Gestaltungsmöglichkeiten herstellen, zum Beispiel mit Fingern, Kämmen oder anderen Hilfsmitteln Linien in die nasse Kleisterfarbe ziehen.

11 Kleine Schnecke

11

Kleine Schnecke

Kleine Schnecke, kleine Schnecke,
kriecht hinauf, kriecht hinauf.
Kriecht auch wieder runter, kriecht auch wieder runter.
Kitzelt dich am Bauch, kitzelt dich am Bauch.

Wird gesungen nach der Melodie von „Bruder Jakob“

(Text: Ingrid Gottstein, 2000, S. 43; © Ingrid Gottstein)

Charakteristika

 Alter: Null bis drei Jahre

 Gruppengröße: ein Kind

 Zeit: 10 bis 15 Minuten – eingebunden in eine Pflegesituation

Hauptförderbereiche: Bindungs- und Beziehungsaufbau und -pflege; Körperbewusstseinsbildung; Körperteile benennen

Didaktische Überlegungen

Vorstellung des Gedichts mit passenden Bewegungen

Text – Melodie „Bruder Jakob“	Bewegung
Kleine Schnecke, kleine Schnecke	Mit der Hand eine Faust bilden, Zeige- und Mittelfinger als Fühler nach vorne strecken
Kriecht hinauf, kriecht hinauf.	„Schnecke“ kriecht am nackten Körper des Kindes hoch

Text – Melodie „Bruder Jakob“	Bewegung
Kriecht auch wieder runter, kriecht auch wieder runter.	„Schnecke“ kriecht am nackten Körper des Kindes hinunter
Kitzelt dich am Bauch, kitzelt dich am Bauch	Die „Schneckenfühler“ kitzeln bzw. streicheln sanft den Bauch des Kindes.

Textanalyse

Das Koselied (von „Liebkosen“ nach Friedrich Fröbel; „Mutter- und Koselieder“) besteht **grammatikalisch** aus einfachen, umgangssprachlichen Aussagesatzteilen im Präsens, die alle einmal wiederholt werden. Der **Wortschatz** wird durch das „hinauf-hinunter“ als Raumlageorientierung erweitert, auch wenn die Erzieherin andere Körperteile als den „Bauch“ benennt: z. B. Knie, Kinn, Ellenbogen usw. Als Wortschatzerweiterung ist das „Kriechen“, die typische Fortbewegungsart einer Schnecke, (oder Schlange) zu erwähnen. Von der **Artikulation** her sind Konsonantenverbindungen wie „kriecht“ oder „Schnecke“ zu nennen. Die Spiel- und **Sprechfreude** wird durch das Kitzeln an den verschiedenen Körperteilen und durch die innige Zweisamkeit zwischen Kind und Erzieherin angeregt.

Geförderte Entwicklungsbereiche

Das Koselied wird in Zeiten einer Pflegesituation angeboten, z. B. beim Wickeln, Waschen, An- und Ausziehen des Kindes. Und dies in einer Eins-zu-Eins-Situation zwischen Erzieherin und Kind, die sowohl den Respekt vor der Intimsphäre des Kindes als auch die Kooperation des Kindes berücksichtigt. Augenkontakt zwischen Kind und Erzieherin und Zeit sind wichtige Merkmale bei der Durchführung des Kosespieles. Durch die aufmerksame und feinfühlige Kommunikation zwischen der immer gleichen Erzieherin und dem Kind lernen Kinder zu vertrauen und bauen ein Gefühl der Sicherheit auf. Sie können also emotional „auftanken“ und die Bindung zwischen den beiden kann wachsen und sich festigen. Eine Bindung, die die Basis für alles Explorieren – also weiteres Lernen in der Krippe – darstellt. Ohne Bindung, kein Lernen. Ohne Bindung ist das Kind nicht fähig, sich **emotional und sozial** wohlzufühlen. Die Kinder sind sich beim Koselied der Nähe der Erzieherin gewiss, sie müssen sie in diesem Moment nicht mit anderen Kindern teilen und können so emotionale Stabilität aufbauen und erlangen. Die Beziehung zwischen

Erzieherin und Kind kann in dieser so gestalteten Pflegesituation aufgebaut, gefestigt und gestärkt werden.

Durch die körperlich sanften Berührungen spürt das Kind die sinnliche Zuwendung und empfindet diese als angenehm. Der Hautkontakt stimuliert **den Berührungssinn** am ganzen Körper. Die Erzieherin variiert ihre sanften Berührungen und kitzelt/streichelt unterschiedliche Körperstellen: Knie, Schulter, Hand, Kinn, Stirn usw. und begleitet dies sprachlich. Über die **Körperempfindung** entwickelt das Kind ein positives Selbstkonzept, d. h., es erlebt das Berühren verschiedener Körperteile und baut dadurch ein positives Körperkonzept auf.

Auch der **kognitive Bereich** wird angesprochen: Das Benennen der Körperteile ist gleichzeitig eine Wortschatzvorstellung und -erweiterung. Ältere Kinder können den berührten Körperteil selbst benennen.

Methodische Überlegungen

Vorbereitung

Die Gestaltung des Raumes, bzw. der Ort, an dem die Pflegesituation und damit der Kosevers durchgeführt wird, ist sehr entscheidend. Wichtige Merkmale sind:

- Eine die Intimsphäre der Kinder schützender, ungestörter, abgetrennter Raum,
- ausreichend Wärme und Helligkeit,
- Die Pflegesituation bzw. die Durchführung des Koseliedes sollte in einer angenehmen Körperhaltung für Kind und Erzieherin (rückenschonend) durchgeführt werden,
- Alle Pflegeutensilien sollten in Reichweite sein,
- Der Raum sollte gut gelüftet werden können.

Für die Durchführung des Reimes werden keine Materialien benötigt.

Geplanter Ablauf

Einstieg

Die Erzieherin kündigt bei dem Kind die Pflegesituation an und wartet, bis dieses dazu bereit ist. Dann gehen beide gemeinsam in den vorbereiteten Raum. Das Kind begibt sich soweit als möglich selbstständig in die Pflegeposition: liegend oder sitzend. Die

Erzieherin zieht das Kind aus, lässt es dabei mithelfen und begleitet das Ganze sprachlich. Dann kündigt sie an, dass sie mit dem Kind ein Spiel mit einer Schnecke machen möchte und stellt diese dem Kind vor, d. h. ihre „Schneckenhand" begrüßt das Kind.

Hauptteil

Die Erzieherin singt und spielt das Koselied wie unter Seite 118 beschrieben. Dann variiert sie das Lied indem sie:

- neue Körperteile streichelt/kitzelt
- die Schnecke in unterschiedlichen Gefühlszuständen singt z. B. müde = ganz langsam singen und gähnen oder lustig = schnell singen oder schüchtern = zaghaft oder hungrig = „knabbert dich am Bauch".

Wichtig ist während des Spieles, auf die Kommunikation zwischen Kind und Erzieherin zu achten:

* Wohin blickt das Kind?
* Was zeigt die Mimik und Gestik des Kindes?
* Welche Gefühlssituation drückt der Körper des Kindes aus?
* Welche Laute oder Worte gibt das Kind von sich?

Auf diese verbalen und nonverbalen Äußerungen während des Spiels geht die Erzieherin feinfühlig ein. Dafür sind Pausen zwischen den einzelnen Versteilen und genaues Betrachten des Kindes notwendig. Ein Dialog zwischen Erzieherin und Kind muss stattfinden, damit das Koselied beim Kind entsprechend wirken kann. Hierfür kann die Erzieherin Gesten des Kindes aufgreifen und wiederholen oder ihm einfach Zeit lassen, damit es auf bestimmte Versteile entsprechend reagieren kann.

Abschluss

Kind und Erzieherin verabschieden sich von der Schnecke. Die Pflegesituation wird aufmerksam und in Kooperation beendet.

Varianten/Vertiefungsmöglichkeiten

* Das Koselied kann man auch mit Bodylotion durchführen – so hinterlässt die Schnecke ihre Spuren.
* Oder der Vers wird im Sitzkreis in der Krippe eingesetzt. Hier kriecht die Schnecke, von den Kindern selbst mit ihrer Hand dargestellt, zu den verschiedenen Körperteilen, die benannt

werden. Ältere Kinder können auch selbst bestimmen, wohin die Schnecke kriecht.

* Statt der Schnecke kann auch ein Hase hoppeln (hoppelt rauf, ein Käfer fliegen (fliegt hinauf), eine Katze schleichen (schleicht hinauf) oder ein Hund rennen (rennt hinauf) usw.

12 Regenschirme

Regenschirme

Wenn die ersten Tropfen fallen,
lustig auf das Pflaster knallen,
blühen sie wie Blumen auf.
Bunt gestreifte, bunt gefleckte,
bunt getupfte, bunt gescheckte
nehmen fröhlich ihren Lauf.
Seit die ersten Tropfen fielen,
schweben sie auf dünnen Stielen,
leuchtend, schimmernd, rund und glatt.
Bunt gestreifte, bunt gefleckte,
bunt getupfte, bunt gescheckte
Schirme blühen in der Stadt.

(Ferra-Mikura, 1972)

Charakteristika

 Empfohlenes Alter: vier bis sieben Jahre

 Gruppengröße: vier Kinder

 Zeit: 30 bis 40 Minuten (Hinweis: die gestalteten Bilder benötigen zur Fertigstellung erst Zeit zum Trocknen)

Hauptförderbereiche: Kreative Gestaltung; Kausalzusammenhänge erfassen; Sensorische Erfahrung; Thematisch an Regenwetter gebunden.

Didaktische Überlegungen

Vorstellung des Gedichtes mit passenden Zeichnungen für ein Bilderrätsel

Text	Zeichnungen
Wenn die ersten Tropfen fallen,	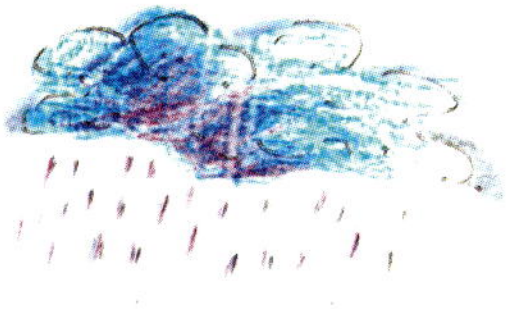
lustig auf das Pflaster knallen,	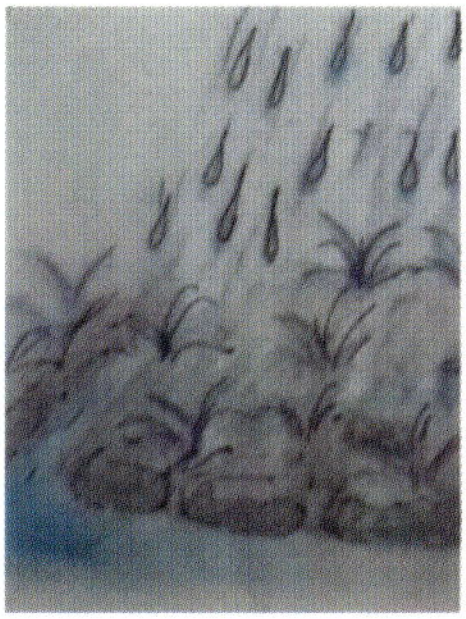
blühen sie wie Blumen auf. Bunt gestreifte, bunt gefleckte, bunt getupfte, bunt gescheckte nehmen fröhlich ihren Lauf.	

Text	Zeichnungen
Seit die ersten Tropfen fielen, schweben sie auf dünnen Stielen, leuchtend, schimmernd, rund und glatt.	
Bunt gestreifte, bunt gefleckte, bunt getupfte, bunt gescheckte Schirme blühen in der Stadt.	

Textanalyse

Das Gedicht von Vera Ferra-Mikura steht größtenteils im Präsens und mit einem Satz im Präteritum (1. Vergangenheit) „Seit die ersten Tropfen fielen". **Grammatikalisch** wird ein Kausalzusammenhang dargestellt: Wenn die ersten Regentropfen fallen, dann blühen die Blumen (Regenschirme) auf. Zudem enthält das Gedicht als Besonderheit eine Vielzahl von Adjektiven, die den Text wunderbar illustrieren, lebendig und fantasieanregend machen: lustig, bunt, gestreift, gefleckt, getupft, gescheckt (= größere weiße Flecken auf einfarbigem Grund), fröhlich, dünn, leuchtend, schimmernd, rund, glatt. Diese Adjektive sind **wortschatzerweiternd** für die Kinder. Weitere im Gedicht vorkommende Nomen oder Verben gehören zum Wortschatz der Kinder von vier bis sieben Jahren. **Die Artikulation** des Textes ist nicht einfach. Deshalb ist es wichtig, das Gedicht langsam und betont zu sprechen. Gerade die Doppelzeile „Bunt gestreifte, bunt gefleckte, bunt getupfte, bunt gescheckte" ist schon fast ein Zungenbrecher. Die **Freude am Sprechen** wird durch positive Erlebnisse/Erfahrungen der Kinder mit dem Thema Regen – Regenschirme geweckt.

Geförderte Entwicklungsbereiche

Eine der Hauptförderbereiche ist der **kognitiv-kreative Bereich**: Die Kinder erfassen die Ausgangssituation des Gedichtes: Es regnet. Dann raten sie aufgrund der weiterer Gedichtzeilen, was im Regen „erblühen" kann. Sie rufen ihre bisherigen Lebenserfahrungen mit Regen ab und übertragen sie auf die Situation im Gedicht. Sie erinnern sich an ihre Erlebnisse mit Regenschirmen, beschreiben das Aussehen ihres eigenen Schirmes und festigen das Ursache-Wirkungsprinzip „Wenn es regnet, dann schütze ich mich davor, dass ich nass werde." Auch andere Möglichkeiten des Regenschutzes können erörtert werden. Die „Pinselspritztechnik" wird in der Kindergruppe eingeführt. Hierbei erfassen die Kinder auch ein Ursache-Wirkungsprinzip: „Wenn ich das Malpapier mit meinen Pappregenschirmen abdecke und mit den Pinseln Farbe auf das Papier spritze, dann ist keine Farbe unter dem Regenschirm". Den kreativen Möglichkeiten ihres Vorstellungsvermögens können die Kindern nachgehen durch die freie Gestaltung ihrer Regenschirme auf Pappe, das Spritzen des „Regens" mit den unterschiedlichen Pinseln und das Ausgestalten ihrer bunten, getupften, gescheckten Regenschirme.

Die Sinne der Kinder werden durch dieses sozialpädagogische Angebot im Bereich des Hörens, Sehens und der Kinästhetik (Kraftdosierung) angesprochen. Die Sprachmelodie des Gedichtes, die differenzierten Adjektive und die Reimendung ermöglichen den Kindern ein besonderes Klangerlebnis. Die visuellen Unterschiede der gestreiften, gepunkteten, gefleckten und gescheckten Regenschirme werden anhand der Zeichnungen beschrieben und können dann auf die eigenen Bilder übertragen werden. Durch das genaue Dosieren der eigenen Kraft und dem damit verbundenen Bewegungsempfinden beim Pinselspritzen (viel Kraft aus dem Schulter- und Handgelenk), wie beim Regenschirmbemalen mit Holzfarbstiften (unterschiedliche Kraft aus dem Handgelenk) wird die Differenzierung der Kinästhetik gefördert.

Damit ist die Verbindung zur **Motorik** in diesem Angebot gegeben: Die Feinmotorik wird durch das Malen, Ausschneiden und Bemalen der Regenschirme angesprochen und die Grobmotorik der Arme wird durch den speziellen Einsatz des Farbpinsels im Schulter- und Handgelenk gelockert.

Da das Angebot des Gedichts „Regenschirme" in einer Kleingruppe stattfindet, kann ein Schwerpunkt auf die **soziale Interaktion** miteinander gelegt werden. Es können Gesprächsregeln geübt und eingehalten werden, Ideen ausgetauscht, sich gegenseitig geholfen und unterstützt werden. Konflikte können an- und ausgesprochen werden, und die Erzieherin kann gegebenenfalls die Kinder unterstützen. Gerade im kreativen Tun werden so Unterschiede in der Gestaltung nicht als Konkurrenz erlebt, sondern als Bereicherung und Vielfalt gesehen – so wie Vera Ferra-Mikura dies mit den vielen Adjektiven im Gedicht eingebracht hat.

Methodische Überlegungen

Vorbereitung

Es werden zwei Räume benötigt: einer im Innenbereich und für die Pinselspritztechnik einen im Außenbereich. Ein Atelier ist für die Kreativtechnik natürlich auch möglich.

Raumskizzen

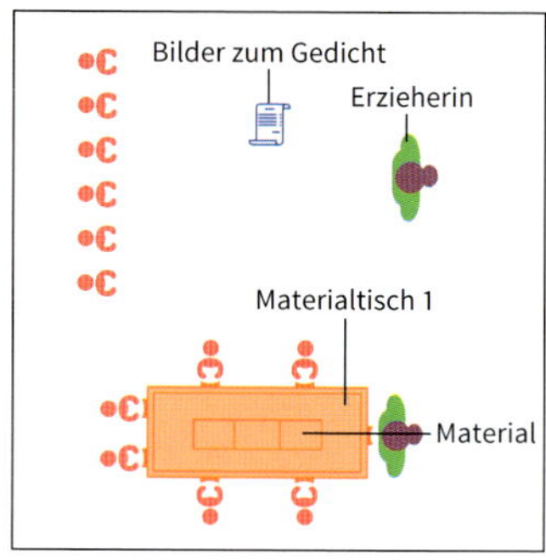

Raumskizze (innen)

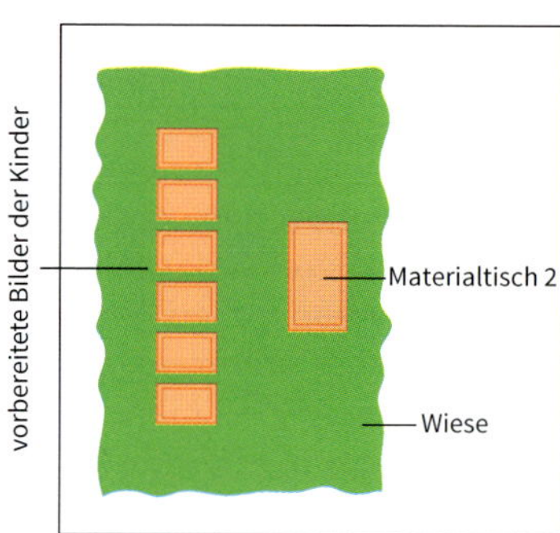

Raumskizze (außen)

Materialliste für Innen:

* Bildkarten zum Gedicht
* ein Regenschirm der Erzieherin
* Bleistifte, Radiergummi
* dünne Pappe (unterschiedliche Größe)
* Scheren
* Kreppklebeband

Materialliste für Außen:

* Malkittel
* Blaue flüssige Acrylfarbe – für jedes Kind ein Glas
* einen dickeren runden Pinsel – für jedes Kind
* DIN-A3-Papier – für jedes Kind eines
* kleine Steinchen zum Beschweren der Malpapiere, damit diese nicht im Wind wegfliegen
* Die Wiesenfläche sollte für die anderen Kinder kurze Zeit gesperrt werden.

Geplanter Ablauf

Einstieg

Die Kinder setzen sich auf die Stühle. Die Erzieherin kündigt an, dass sie ihnen ein Rätselgedicht – ein Bilderrätselgedicht ausgesucht hat. Sie zeigt das erste Bild (Regentropfen fallen) und die Kinder erzählen, was sie auf dem Bild sehen. Sie zeigt das zweite Bild (Tropfen fallen auf die Pflastersteine) und die Kinder betrachten das Bild – erzählen dazu. Die Erzieherin trägt die ersten drei Zeilen des Gedichtes vor und fragt: „Was könnte da wie Blumen aufblühen?“ Jedes Kind wird befragt.

Dann wird das dritte Bild gezeigt (Regenschirme von oben) und das Rätsel wird gelöst. Die Erzieherin stellt das gesamte Gedicht vor und ergänzt die Bilder (vier und fünf) zu den entsprechenden Gedichtzeilen.

Hauptteil

Die Erzieherin wiederholt das gesamte Gedicht und lässt es auf die Kinder wirken. Sie führt ein Gespräch mit folgenden Leitfragen: „Was macht ihr, wenn es regnet? Wie sehen eure Regenschirme aus? Warum wird man unter dem Regenschirm nicht nass?“

Regenschirme, die die Kinder dabeihaben (bzw. den der Erzieherin) werden genau betrachtet und untersucht: Bespannung, Öffnung des Regenschirms, Schließen des Schirms, Mechanismus des Öffnens.

Die Erzieherin kündigt an, dass die Kinder ihre Regenschirme malen, die dann im selbst gemachten Regen getestet werden, ob sie den

Regen abhalten. Die Gruppe wechselt an den Maltisch – betrachtet das Material. Die Kinder überlegen, wie sie welches Material für das Malen der Regenschirme nutzen können; sie diskutieren und sprechen sich ab. Die Erzieherin fasst die Vorgehensweise zusammen:

1. Mit dem Bleistift wird auf die dünne Pappe der Regenschirm aufgemalt und dann ausgeschnitten. Es können mehrere Regenschirme in unterschiedlichen Größen gemalt werden.

2. Dann werden Kreppklebebandstücke auf die Regenschirme geklebt, damit diese nicht verrutschen, und wir es draußen auf die Schirme regnen lassen können.

   Die Erzieherin malt auch einen Regenschirm auf die Pappe, um daran die Pinselspritztechnik demonstrieren zu können.

   Die Kinder malen in ihrem Tempo, warten aufeinander, bzw. helfen sich gegenseitig oder räumen den Pappkartonabfall in den Mülleimer.

   Dann geht es nach draußen. Die Kinder ziehen sich einen Malkittel an. Die Erzieherin erklärt und zeigt die Pinselspritztechnik:

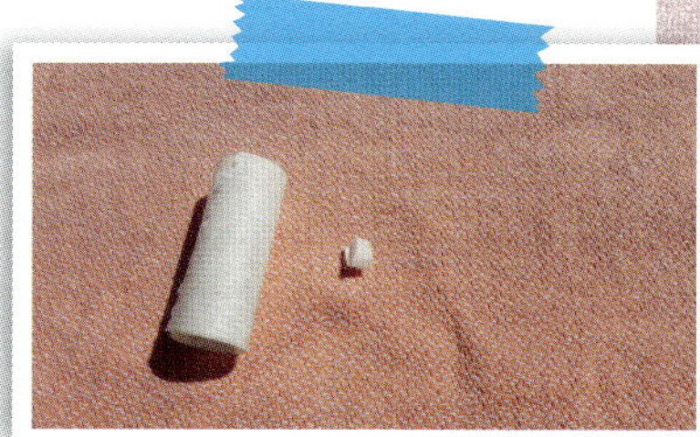

3. Ob der Regenschirm mit dem Kreppklebeband auf dem DIN-A2-Papier klebt, wird kontrolliert und das Papier auf die Wiese gelegt. Gegebenenfalls werden Steinchen auf die Regenschirme gelegt, damit sie nicht im Wind wegweht werden.

4. Dann wird der Pinsel in die blaue flüssige Acylfarbe getaucht, etwas am Glasrand abgestrichen und auf das am Boden liegende Malpapier gespritzt. Dieser Vorgang wird mehrmals wiederholt.

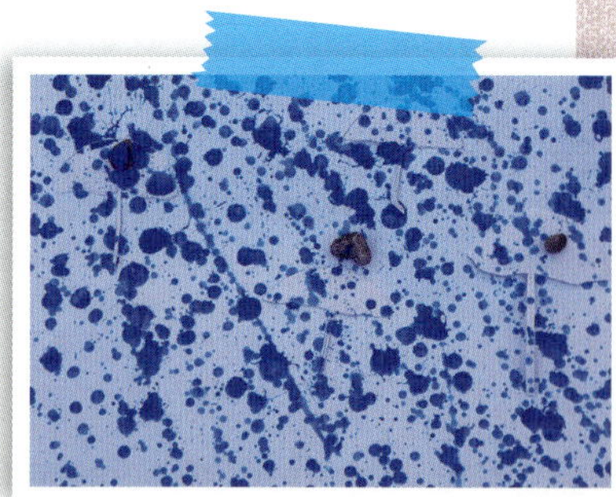

Abschluss

Das Gedicht wird von der Erzieherin vorgetragen. Die Kinder zeigen ihre gespritzten „Regenbilder". Vorsichtig macht die Erzieherin von ihrem Bild den Regenschirm ab und schaut nach, ob es unter dem Regenschirm trocken ist. Die Erzieherin kündigt an, dass jetzt alle Bilder trocknen müssen. Danach können die aufgeklebten Regenschirme umrandet und entfernt werden. Schließlich können die Kinder die weißen Flächen der Regenschirme bunt malen. Dieser Schritt kann evtl. als zweites Angebot während des Freispiels erfolgen. Dafür steht dann der Maltisch/das Atelier den Kindern zur Verfügung (Zeitpunkt den Kindern ankündigen). Die fertigen Bilder werden, zusammen mit dem Regenschirmgedicht, den anderen Kindern im nächsten Morgenkreis vorgestellt.

Varianten und Vertiefungsmöglichkeiten

* Ein bewusster Regenspaziergang mit oder ohne Regenschirme sollte unbedingt eingeplant werden. Ein Regenschirmtanz wäre zu einer von den Kindern ausgewählten Musik und selbst gestalteter Choreografie als Vertiefung möglich.
* Improvisation auf Trommeln, indem Regentropfen in verschiedenen Tempi und Lautstärken imitiert werden.
* Regenschirme aus Faltpapier oder Pappe herstellen und als Raumschmuck aufhängen.

Der Zauberer Korinthe

Der Zauberer Korinthe

Es lebte einst der Zauberer
Kori, Kora, Korinthe.
Der saß in einem Tintenfass
und zauberte mit Tinte.

Wenn jemand damit Briefe schrieb
und schmi und schma und schmollte,
dann schrieb er etwas anderes,
als was er schreiben wollte.

Einst schrieb der Kaiser Fortunat
mit Sie, mit Sa, mit Siegel:
Der Kerl, der mich verspottet hat,
kommt hinter Schloss und Riegel!

Doch hinterher las man im Brief,
vergni, vergna, vergnüglich:
Der Kerl, der mich verspottet hat,
der dichtet ganz vorzüglich!

Da schmunzelte der Zauberer
Kori, Kora, Korinthe
und schwamm durchs ganze Tintenfass
und trank ein bisschen Tinte.

(Krüss, 1982, S. 26/27)

Charakteristika

 Empfohlenes Alter: sechs bis sieben Jahre

 Gruppengröße: vier bis sechs

 Zeit: 40 Minuten

Hauptförderbereiche: Grafomotorik – Schreiben/Malen; Kognitiver Bereich – Kausalzusammenhänge

Didaktische Überlegungen

Wiederholung des Gedichts mit passenden Bildern

Es lebte einst der Zauberer Kori, Kora, Korinthe. Der saß in einem Tintenfass und zauberte mit Tinte.	
Wenn jemand damit Briefe schrieb und schmi und schma und schmollte, dann schrieb er etwas anderes, als was er schreiben wollte.	
Einst schrieb der Kaiser Fortunat mit Sie, mit Sa, mit Siegel: Der Kerl, der mich verspottet hat, kommt hinter Schloss und Riegel!	

Doch hinterher las man im Brief, vergni, vergna, vergnüglich: Der Kerl, der mich verspottet hat, der dichtet ganz vorzüglich!	
Da schmunzelte der Zauberer Kori, Kora, Korinthe und schwamm durchs ganze Tintenfass und trank ein bisschen Tinte.	

Textanalyse

Grundsätzlich ist festzuhalten, dass aus Gründen des Schwierigkeitsgrades nur ein Gedichtausschnitt – der hier abgedruckte Beginn – für das sozialpädagogische Angebot ausgewählt wurde. **Grammatikalisch** gesehen ist das Gedicht von James Krüss im Präteritum geschrieben, wobei neben regelmäßigen Verben wie lebte oder zauberte auch einige unregelmäßige Verben verwendet werden: „saß", „schrieb", „las", „schwamm", „trank". Der Satzbau besteht aus vielen Haupt- mit Nebensätzen, bzw. wird ein Aussagesatz mit einem anderen Aussagesatz durch „und" verbunden. Zudem enthält der Gedichtteil Kausalzusammenhänge „wenn" – „dann" und eine Darstellungsform aus verschiedenen Perspektiven: Vom Zauberer Korinthe, vom Kaiser Fortunat und von dem Briefleser. Dies ist insgesamt ziemlich herausfordernd und anspruchsvoll.

Auch der **Wortschatz** fordert die Kinder heraus: „Tintenfass", „zaubern", „Tinte", „schmollen", „Kaiser", „Siegel", „verspotten", „Schloss", „Riegel", „vorzüglich", „schmunzeln" sind alles nicht ganz einfache Wortbedeutungen, die jedoch durch die Bildkarten von den Kindern dieser Altersstufe inhaltlich erschlossen werden können.

Zudem werden die unterschiedlichen Perspektiven im Verlauf des sozialpädagogischen Angebotes methodisch aufbereitet und den Kindern durch konkrete Anschauung erlebbar gemacht. Die Thematik des Gedichtes „schreiben“ und „zaubern“ gehört zum Erfahrungsbereich von Vorschulkindern und greift sogar deren Interesse und Bedürfnisse auf. Der Name des Kaisers „Fortunat“ braucht Kindern nicht erklärt zu werden, während es für die Erzieherin vielleicht interessant ist, dass der Begriff aus dem Lateinischen stammt (eigentlich „Fortunatus“) und „der Glückliche“ oder „der Beglückte“ bedeutet.

Die **Artikulation** macht bei diesem Gedicht besonders bei der Lautmalerei mit den Vokalen Freude: „Kori, Kora, Korinthe“ oder mit „Sie, mit Sa, mit Siegel“. Das Gedicht an sich ist von der Aussprache her gesehen anspruchsvoll, aber für Kinder in dieser Altersstufe durchaus geeignet.

Die Freude an diesem Gedicht, die **Sprechfreude** wurde schon bei der Artikulation angesprochen. Neben dieser macht das Thema „Zaubern“ und die Verwandlung von geschriebenen Worten in andere einfach Spaß. Das ist eine wunderbare Möglichkeit, mit den Kindern ins Gespräch zu kommen und vor allen Dingen auch selbst zu zaubern.

Geförderte Entwicklungsbereiche

In diesem sozialpädagogischen Angebot „Der Zauberer Korinthe“ wollen wir Kinder ansprechen, die kurz vor dem Schuleintritt stehen und thematische Inhalte fordern, die für sie bisher unbekannt waren und an denen sie ihre Fähigkeiten und Kräfte messen können. Grundsätzlich sollen die Kinder auch mit diesem Angebot auf die Schule vorbereitet werden – schulfähig werden.

Der früher benutzte und immer noch verwandte Begriff der „Schulreife“ – als rein körperliche Reife - greift zu kurz. Jetzt umfassender mit dem Begriff der „Schulfähigkeit“ versehen, meint er die Vorstellung und Erwartung, dass die gesamte Entwicklung des Kindes mit allen Entwicklungsbereichen zusammen eine Art Voraussetzung dafür ergeben, dass die Kinder den Unterricht in der Grundschule besuchen und diesem folgen können.

Mit diesem Gedichtangebot wird vor allem der **grafomotorische Bereich** der Kinder angesprochen – als Voraussetzung für den in der Schule folgenden sehr komplexen Vorgang des Schreibenlernens. Dazu gehören vor allem folgende Bewegungsaspekte:

* ruhiges aufrechtes Sitzen (Bewegungssteuerung),
* richtige Stifthaltung einnehmen und beibehalten,
* eine differenzierte Muskelanspannung in Arm, Hand und Finger, um den Druck der Stiftspitze auf das Papier zu dosieren und
* das Ausführen von fein abgestimmten Bewegungen der Finger- und Handgelenke.

Neben der Handgeschicklichkeit ist die **gute Verarbeitung der visuellen, taktilen und kinästhetischen Sinne** von Bedeutung:

* visuell werden das Papier, der Stift, die Schreibzeile wahrgenommen,
* taktil werden der Untergrund – das Papier – der Stift und die Stiftbewegung auf dem Untergrund erfasst und
* kinästhetisch werden der Druck, der Kraftaufwand auf die Schreibbewegungen wahrgenommen.

Erst durch das Zusammenspiel dieser Faktoren kann ein Kind schreiben.

In dem sozialpädagogischen Angebot vom „Zauberer Korinthe“ steht das Schreiben neben dem Zaubern als zentrales Thema. In dem Gedicht werden Briefe mit der Hand geschrieben und durch das Zaubern des Zauberers inhaltlich verwandelt. Dies **kognitiv nachvollziehen** zu können ist eine große Herausforderung, denn es müssen drei Handlungsperspektiven eingenommen werden:

* Die Perspektive des Zauberers Korinthe, der im Tintenfass sitzt, zaubert und anschließend über sein „Zauberergebnis“ schmunzelt.
* Die Perspektive des Kaisers Fortunat, der schreibt, dass der Kerl, der ihn verspottet hat hinter Schloss und Riegel kommt.
* und die Perspektive des Zuhörers/Lesers, der den Brief anders liest, als ihn der Kaiser verfasst hat.

Dieser dreifache Perspektivwechsel wird durch die methodische Anschauung für die Kinder nachvollziehbar. Aber auch den Kausalzusammenhang zu verstehen, dass der Brief zuerst so formuliert und dann anders zu lesen ist, ist eine kognitive Leistung der Kinder.
Der Kausalzusammenhang der Erfassung der Maltechnik – erst mit weißer Haushaltskerze malen, dann mit blauer Tinte darüber malen – können Kinder erfassen, die schon beim Malen und mit verschiedenen Maltechniken viele Erfahrungen gesammelt haben. Und natürlich wird bei diesem Gedicht auch die Sprachförderung angesprochen – siehe Seite 136.

Im **sozial-emotionalen Bereich** geht es um das Miteinander herauszufinden, was es mit diesem Gedicht und mit dieser Maltechnik auf sich hat: Wie und wann zaubert der Zauberer Korinthe? Was erwartet der Kaiser, nachdem er den Brief geschrieben hat? Was derjenige, der ihn verspottet hat? Und was denken sie, nachdem es in dem Brief ganz anders steht? Und wie funktioniert diese Malzauberei? Das gemeinsame Überlegen, Nachdenken, Knobeln, Herausfinden bedarf der Einhaltung der Gesprächsregeln, der gegenseitigen Anregung und des gemeinsam nach Lösungen suchen.

Methodische Überlegungen

Vorbereitung

Raumskizze:

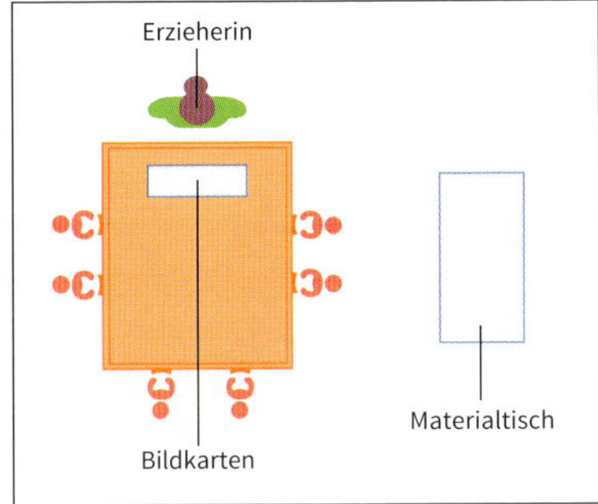

Materialliste

* für jedes Kind ein Blatt Aquarellpapier DIN-A5
* Ein von der Erzieherin vorbereitetes Blatt Aquarellpapier: eine mit weißer Haushaltskerze gemalte große, das gesamte Papier ausfüllende Krone
* drei Flaschen mit Füllhaltertinte
* sechs dünne Borstenpinsel, sechs breite Borstenpinsel
* drei Gläser mit wenig flüssiger blauer Tinte gefüllt (Borstenpinsel müssen hineinpassen)

* fünf Bildkarten (Abbildungen S. 135/136 kopieren)
* sechs weiße Haushaltskerzen
* Unterlage für den Tisch
* evtl. Malkittel für jedes Kind, Lappen zum Aufwischen

Geplanter Ablauf

Einstieg

Die Erzieherin bittet die Vorschulkinder, sich an den Tisch zu setzen. Sie kündigt an, dass es heute in einem Gedicht ums Schreiben und Zaubern geht. Zuerst sollen die Kinder schreiben – und zwar mit dem Tintenfass/der Tintenflasche und dünnem Pinsel. Sie sollen ihren Namen auf das DIN-A5- Aquarellpapier schreiben. Dazu holen sie sich das Material vom Materialtisch und arbeiten selbstständig. Zwei Kinder teilen sich jeweils ein Tintenfass. Je nach Vorerfahrung ziehen sich die Kinder einen Malkittel an – oder krempeln die Ärmel hoch.

Beispielbild für den Namen:

Hauptteil

Nun bittet die Erzieherin das Material wieder zurück zu räumen, aber das Blatt mit ihren Namen auf den Plätzen liegen zu lassen. Anschließend stellt sie das Gedicht „Der Zauberer Korinthe" von James Krüss anhand der Bildkarten vor. Dabei achtet sie auf eine gute Betonung beim Vortragen des Gedichtes. Im Anschluss an den Vortrag wartet sie ab, ob die Kinder sich spontan äußern und stellt dann folgende Leitfragen:

- Was hat der Zauberer Korinthe da verzaubert?
- Was erwartet der Kaiser, nachdem er den Brief geschrieben hat?

Hier begleitet die Erzieherin die Beantwortung der Frage mit ihrem vorbereiteten Aquarellblatt: sie malt mit Tinte und dünnem Pinsel die Gefängnisgitter, hinter denen sich der Kerl befindet, der den Kaiser Fortunat verspottet hat. Dabei achtet sie darauf, dass sie das Bild in die vorher mit Kerze gemalte Krone setzt.

- Was erwartet derjenige, der ihn verspottet hat?
- Was lesen dann die Briefleser, nachdem der Zauberer Korinthe gezaubert hat?

Hier begleitet die Erzieherin die Beantwortung, indem sie den Zauber des Zauberers Korinthe durchführt. Sie übermalt das Gefängnis mit dem dicken, in ein Tintenschälchen getauchten Borstenpinsel, und hervor kommt die vorher gemalte weiße „Dichterkrone“.

Die Erzieherin fasst die Überlegungen zusammen: Zuerst wird mit einer weißen Kerze auf das Blatt gemalt, dann mit der Tinte dick darüber gemalt und das zuerst Geschriebene verschwindet. Nun fordert die Erzieherin auf, diesen Zauber bei den von den Kindern mit ihren Namen beschrifteten Papieren durchzuführen.

Die Kinder holen zuerst die Haushaltskerzen vom Maltisch und gestalten mit der Kerze frei ihr Blatt, auf dem ihr Name steht. Dann kommt der Zaubertrick: Sie holen sich das Schälchen mit Tinte (zwei Kinder teilen sich ein Schälchen) und einen dicken Borstenpinsel und übermalen ihren Namen und das gesamte Blatt Papier mit der Tinte. Nun wird das mit Kerze Gemalte sichtbar! Dies kann gerne vor der gesamten zuschauenden Gruppe passieren.

13

Abschluss

Die Kinder äußern ihre Meinung über den „Zaubertrick“:

> *„Wie findet ihr den Zaubertrick? Wollt ihr ihn wiederholen? Wann soll er wiederholt werden?*
>
> *Warum hat der Zauberer Korinthe wohl den Briefinhalt verzaubert?“*

Die Erzieherin fasst die Antworten zusammen und plant mit den Kindern das nächste Treffen, um z. B. weitere „Zauberbilder“ zu gestalten oder weitere Zaubertricks kennenzulernen oder um das Gedicht als Film zu gestalten. Hier ist es wichtig, dass die Kinder den weiteren Verlauf des nächsten Projektschrittes mitbestimmen.

Varianten/Vertiefungshinweise

- Die Maltechnik (Wachsabsprengtechnik) kann auch mit anderer Tintenfarbe durchgeführt werden. Mit der blauen Tinte könnten „Unterwasserbilder“ gemalt werden.
- Das Gedicht „Der Zauberer Korinthe“ kann gemalt und die einzelnen Bilder können der Reihe nach hingelegt und mit dem Gedichtvortrag gefilmt werden. So kann ein Kurzfilm zum Gedicht hergestellt werden.
- „Eine Zaubertüte“ zu falten wäre eine weitere Möglichkeit das Thema „Zaubern“ zu vertiefen.

LITERATURVERZEICHNIS/QUELLEN

Fürst, Iris, **Helbig,** Elke, **Schmitt,** Vera: Kinder- und Jugendliteratur, Theorie und Praxis, 4. Auflage, Troisdorf; Bildungsverlag Eins, 2018.

Fthenakis, Wassilios: Bildung neu definieren und hohe Bildungsqualität von Anfang an sichern, in: Betrifft Kinder, Heft 03/09, 2009, S. 6–10.

Hansen, Rüdiger, **Knauer,** Raingard: Das Praxisbuch, Mitentscheiden und Mithandeln in der Kita, 1. Auflage, Gütersloh: Bertelsmann Stiftung, 2015.

Helbig, Elke, **Sieber,** Traudel: Schätze im Kindergartenalltag, 1. Auflage, Berlin, Cornelsen Scriptor Verlag, 2010.

Hrsg. Jugendminister- und Kultusministerkonferenz: Gemeinsamer Rahmen der Länder für die frühe Bildung in den Kindertageseinrichtungen, 2004, S. 3.

Hrsg. Kultusministerium Baden-Württemberg: Orientierungsplan für Bildung und Erziehung in baden-württembergischen Kindergärten und weiteren Kindertageseinrichtungen, März 2011.

Huber, Johannes, **Claudius,** Christel: Das lustige Papierfaltbüchlein, 1. Auflage, Ravensburg, Otto Maier, S. 7–14 und 52–53.

Kasten, Hartmut: 0–3 Jahre, Entwicklungspsychologische Grundlagen, 2. Auflage, Berlin, Cornelsen Scriptor Verlag 2009.

Kasten, Hartmut: 4–6 Jahre, Entwicklungspsychologische Grundlagen, 1. Auflage, Berlin, Cornelsen Scriptor Verlag 2005.

Kerber-Ganse, Waltraut: Die Menschenrechte des Kindes, Die UN-Kinderrechtskonvention und die Pädagogik von Janusz Korczak. Versuch einer Perspektivenverschränkung, Leverkusen, Verlag Barbara Budrich, 2009.

Krempien, Christiane, **Thiesen,** Peter: 50 Bildnerische Techniken, Ein Arbeitsbuch für Kindergarten, Hort und Grundschule, 4. Auflage, Weinheim, Beltz Verlag, 2004, S. 56–58; S. 66–68; S. 116–118.

Müller, Eva: Ich kann das! – Selbstwirksamkeit bei Kindern fördern, In: Kindergarten heute – Das Leitungsheft, 2/2012, Freiburg, Herder Verlag, 2012.

Näger, Sylvia: Literacy – Kinder entdecken Buch-, Erzähl- und Schriftkultur, 2. Auflage, Freiburg, Herder Verlag, 2006.

Pousset, Raimund: Handwörterbuch für ErzieherInnen, Weinheim, Beltz Verlag, 2006, S. 411.

Schäfer, Gerd: Bildung beginnt mit der Geburt, Hrsg. Gerd Schäfer, 1. Auflage, Weinheim, Beltz, 2004, S. 27–45.

Schmutzler, Hans-Joachim: Föbel und Montessori, Zwei geniale Erzieher – Was sie unterscheidet, was sie verbindet, 1. Auflage, Freiburg, Herder Verlag, 1991, S. 63–64.

Schnurr, Heike: Sicher im Recht-Kompetent in der Praxis, Lehrbuch und Nachschlagewerk für pädagogische Fachkräfte, 1. Auflage, Braunschweig: Westermann Verlag 2016.

Tausch Reinhard, **Tausch,** Anne-Marie: Erziehungspsychologie, Begegnung von Person zu Person, 9. Auflage, Göttingen, Dr. C. J. Hogrefe 1979, S. 118–178.

Textor, Martin: Pädagogische Ansätze im Kindergarten, Lew Wygotski – der ko-konstruktive Ansatz, hrsg. Wassilios Fthenakis, Martin Textor, 1. Auflage, Basel, Beltz 2000, S. 71–83.

Thiesen, Peter, **Ellermann,** Walter: Bildungsarbeit im Kindergarten erfolgreich planen, Sozialpädagogische Praxis Band 5, 3. Auflage, Berlin, Cornelsen Scriptor, 2013.

Tietze, Wolfgang, **Viernickel,** Susanne (Hrsg.): Pädagogische Qualität in Tageseinrichtungen für Kinder, Ein nationaler Kriterienkatalog, 2. Auflage, Weinheim, Beltz Verlag 2003.

Ulich, Michaela: Literacy – sprachliche Bildung im Elementarbereich, In: Kindergarten Heute, Heft 3, 2003, S. 6–18.

Zimmer, Renate: Sprache und Bewegung, Hrsg. Niedersächsisches Institut für frühkindliche Bildung und Entwicklung – Themenheft 13, Februar 2016.

Miller-Lissner, Julia: Die Tulpe von Josef Guggenmos, Frühlingsgedicht für Kinder **http://youtu.be/rOelTrYyBBy,** besucht am 18.04.19.

Quellen der vorgestellten Gedichte in Kapitelreihenfolge:

Die Tulpe, In: Guggenmos, Josef: Was denkt die Maus am Donnerstag? 22. Auflage, München, Deutscher Taschenbuchverlag, 1998, S. 38.

Auf einer grünen Wiese, In: Stöcklin-Meier: Eins, zwei, drei Ritsche Ratsche Rei, Kinderspielverse zum Lachen, Hüpfen und Tanzen, 2. Auflage, München, Kösel 2004, S. 70.

Ein Federchen flog über Land, In: Ringelnatz, Joachim: Gedichte, Kleine Wesen, München-Leipzig, Hans Sachs Verlag, 1910.

Da oben auf dem Berge, In: Stöcklin-Meier: Eins, zwei, drei Ritsche Ratsche Rei, Kinderspielverse zum Lachen, Hüpfen und Tanzen, 2. Auflage, München, Kösel 2004, S. 28.

Katzenlied, In: Ruck-Pauquet, Gina, Ott, Pepperl: Sandmännchens Geschichtenbuch, Ravensburg, Ravensburger Buchverlag, 1969.

LITERATURVERZEICHNIS/QUELLEN

In unserem Häuschen, In: Johanna Friedl: Alles hat Hand und Fuß, 1. Auflage, Münste, Ökotopia 2011, S. 21.

Was denkt die Maus am Donnerstag, In: Guggenmos, Josef: Was denkt die Maus am Donnerstag? 22. Auflage, München, © dtv Verlagsgesellschaft, 1998, S. 106.

Was die Waschmaschine sagt, In: Hrsg. Österreichisches Bundesministerium für Unterricht und Kunst: Buch Partner des Kindes, Wissenswertes über Bücher für die ersten acht Lebensjahre, 1. Auflage, Ravensburg, Otto Maier Verlag, 1979, S. 119–120.

Meeresstille, In: Freiherr von Eichendorff, Joseph: Gedichte, Kapitel 163, 15.08.2017, **https://gutenberg.spiegel.de/buch/gedichte-9611/163** [15.08.2019].

Die Nadel sagt zum Luftballon, In: Stöcklin-Meier: Eins, zwei, drei Ritsche Ratsche Rei, Kinderspielverse zum Lachen, Hüpfen und Tanzen, 2. Auflage, München, Kösel 2004, S. 16.

Der Faden, In: Guggenmos, Josef: Was denkt die Maus am Donnerstag? 22. Auflage, München, © dtv Verlagsgesellschaft, 1998, S. 105.

Kleine Schnecke, In: Gottstein, Ingrid: Ram sam sam und Pimpelchen, Spielen, Singen und Gestalten mit Kleinkindern, Hrsg. Peter Thiesen, 1. Auflage, Weinheim, Beltz Verlag, 2000, S. 43.

Regenschirme, In: Ferra-Mikura, Vera: Die Stadt der Kinder, Hrsg. Hans-Joachim, Gelberg, 1. Auflage, München, © dtv Verlagsgesellschaft, 1972.

Frau Holle schließt die Fenster auf, In: Peter-Führe, Susanne, Fink-Klein, Waltraud, Reichmann, Iris: Rhythmik im Kindergarten, Erlebnisreiche Spielformen mit Musik-Bewegung-Sprache, 1. Auflage, Freiburg, Herder Verlag, 1987.

Der Zauberer Korinthe, In: Krüss, James: Der Zauberer Korinthe und andere Gedichte, 1. Auflage, Hamburg, Friedrich Oetinger Verlag, 1982, S. 26–27.

Fabiola Quadflieg, Köln: 1.2, 5.2, 6.2, 7.2, 54.1, 61.1.

Fischer, Andreas, Köln: Titel, Titel, Titel, Titel, Titel, Titel.

fotolia.com, New York: ILYA AKINSHIN 26.2.

Fuhrmann, Monika, Mannheim: 10.1, 10.2, 10.3, 10.4, 11.1, 11.2, 11.3, 11.4, 11.5, 11.6, 12.1, 12.2, 12.3, 12.4, 12.5, 12.6, 12.7, 48.1, 48.2, 48.3, 49.1, 49.2, 49.3, 49.4, 50.1, 50.2, 50.3, 51.1, 51.2, 51.3, 52.1, 70.1, 70.2, 71.1, 71.2, 71.3, 71.4, 72.1, 72.2, 72.3, 72.4, 72.5, 73.1.

Göbel, Anna, Jardins de Petrópolis, Nova Lima: 1.3, 5.3, 8.1, 15.3, 15.4, 19.1, 21.1, 21.2, 22.1, 22.2, 29.1, 36.1, 42.2, 46.1, 55.2, 55.3, 55.4, 55.5, 55.6, 59.1, 68.1, 76.2, 76.3, 76.4, 76.5, 76.6, 79.1, 79.2, 79.3, 79.4, 80.1, 89.1, 93.1, 96.1, 97.1, 101.1, 102.1, 102.2, 105.1, 117.1, 123.1, 125.1, 125.2, 125.3, 126.2, 133.1, 135.2, 135.3, 136.1, 136.2.

Helbig, Elke, Weinheim: 107.1, 107.2, 108.1, 108.2, 108.3, 108.4, 109.1, 109.2, 111.2, 113.1, 113.2, 116.1, 130.1, 130.2, 130.3, 130.4, 131.1, 131.2, 131.3, 135.1, 140.1, 141.1, 141.2, 141.3, 141.4.

Helmut Holtmanns DTP-Schriftsatz, Krefeld: 58.1.

Jouve Germany GmbH & Co. KG, München: 5.4, 40.2, 66.4, 86.1.

Shutterstock.com, New York: sumire8 Titel.

Sieber, Traudel, Heddesheim: 43.1, 43.2, 43.3, 43.4, 43.5, 43.6, 43.7.

stock.adobe.com, Dublin: crimson Titel; Kuzmin, Andrey 1.1, 5.1, 6.1, 7.1, monropic 9.1, 18.1.

Visuelle Lebensfreude – Bodem + Sötebier GbR, Hannover: 4.1.

YPS – York Publishing Solutions Pvt. Ltd.: 15.2, 18.2, 18.3, 18.4, 26.1, 26.3, 26.4, 26.5, 26.6, 27.1, 56.1, 64.1, 65.1, 65.2, 65.3, 66.1, 66.2, 66.3, 66.5, 77.1, 112.1, 114.2, 118.1, 126.1, 128.1, 139.1.

Wir arbeiten sehr sorgfältig daran, für alle verwendeten Abbildungen die Rechteinhaberinnen und Rechteinhaber zu ermitteln. Sollte uns dies im Einzelfall nicht vollständig gelungen sein, werden berechtigte Ansprüche selbstverständlich im Rahmen der üblichen Vereinbarungen abgegolten